読む。生きるための読書

養老孟司

リベラル文庫

はじめに

　本書に収められた文章は、雑誌「小説推理」に連載されたものである。はじめは毎月だったが、そのうち隔月になった。本来は推理小説の書評だったが、次第にそれだけでは内容が不足になって、その時々の世間の出来事を取り上げたりしたので、時評みたいになった部分も多かった。今回の文庫版では、時季外れになった部分を削ってある。

　私は社会の問題にあまり関心がないが、それでもその中で生きているのだから、ある程度は考えざるを得ない。人間の世界よりも虫に関心が深いのは、そう普通にいる人ではない。そういう人間が書くことは、あまり普通ではないに決まっている。そういうヘンな人でいることに、小学校時代から慣れてしまっているから、いったん文章を書いてしまったあとのことは編集者に任せることにしている。たとえヘンな人が直して手を入れたとしてもヘンな部分は治らないだろうからである。

二〇〇〇年代の初期からの連載だったので、もうずいぶん時間が過ぎた。相変わらず読書は続けているが、読む速度が落ちた。たぶん目が悪くなったせいだと思う。近眼だから眼鏡をはずせば本が読めたのだが、老眼が進んでそれでも読めなくなった。いまはレンズ付きの読書灯を買って机の上で読んでいる。

いくつになっても読書はできる。体力はほとんど使わないからである。高齢化社会ではお勧めしたい趣味である。読書灯などの付属品はどんどん良いものができてきているから、身体的に困ることはない。キンドル（電子書籍）やオーディオブックもある。私は今年米寿になるが、本を読む楽しみだけは、虫と同じで減ることがない。

二〇二五年二月　養老孟司

目次

第2章

物語という別世界

～脳が〝非日常〟を紡ぎ出す～

第5章

情報の嘘

～小説より面白い〝隠された事実〟～

第8章　日本社会の形

～「政治」で世の中はよくならない～

※本書は２０１４年に双葉社より刊行された『考える読書』を改題し、再編集したものです。
データ、所属、肩書などは掲載当時の内容をそのまま掲載しております。

なお、書名については本文内は掲載当時のものとし、現在の書名、発売元が変更になっている場合は、項目の最後の一覧に反映いたしました。

第1章

読む。生きるための「読書」

～読むという行為を「自分に返す」～

村上春樹の文学的軽さ

ある機会に、村上春樹の『海辺のカフカ』[*1]批判を、複数の本職の作家から聞いた。要するに軽いということだった。さらにいうなら、日本流のどろどろした面が欠けている。そんな文学があるはずないだろ、ということだったと思う。

批判そのものはたいへん面白かったから、真面目に聞いていた。では私はどう思うか。私はこの作品をむしろ買う。なぜなら終わりまで一気に読めたからである。同じ著者のいままでの作品よりもマシかもしれない。なぜ読めたか。道具立てに芸がある。たとえば猫が人と会話する。いままでは猫の雑誌が複数あって、世の中は猫オバサンだらけである。いってみれば、猫は癒し系ペットの代表である。これは売れる。そう思った。

さらに、どうということはないものの、どこともいえない、別の世界が登場する。

最後のほうで、不気味な虫がその世界に入り込もうとする。この場面ではスティーヴン・キングを想起する。全体の筋立ては、いうなればファンタジーである。いまファンタジーがいかに流行しているか。それを思えば、著者の時代感覚の良さがわかる。現代日本でファンタジーを書くと、こんなふうになる。そう表現してもいい。

筋はエディプス神話である。しかしそれはどうでもいい。登場人物の素性はただちに推測がつく。姉が出てきて、母親が出てくる。確実にそうだと書いてあるわけではないが、読者はそうだと信じて、なんの差し支えもない。そこに性が登場する。エディプスを筋立てに利用したのは、主人公が十五歳だから、年上の女性との性交渉を必然とするためだけかもしれない。この作品にはむずかしいところがない。別ないい方をするなら、軽い、安易だ、馬鹿にするな、等々。

純文学の言い分は、この作品のどこに本質的なメッセージ性があるか、ということであろう。エディプス神話をいくらひっくり返してみても、そう新しいことはあるまい。性について純粋に考えるなら、文学ではないが、岸田秀の『性的唯幻論序説』[*2]のほうが、いかに「本質的」であるか。

それなら村上春樹の作品には、価値がないか。ハリー・ポッターには文学的価値がないか。売れるからといって、よい作品とは限らない。とくに現代はそれが明瞭である。プリクラやたまごっちを思えば、あまりにも当然であろう。紅茶キノコでもいい。村上春樹は文学のプリクラか。

文学は重くなければならないか

同時に高橋源一郎の『官能小説家』[*3]を読んだ。これも右の話に無関係ではない。漱石、鷗外といった明治の文豪たちが現代を舞台に登場する。いってみれば、文豪がパチンコ屋に行くという設定の小説である。そもそも「文豪」ということばが、ある価値観を示している。その逆が三文文士、三文小説であろう。「文豪」という意味での文学の価値、それが村上春樹を評価しないことに通じている。本当の文学はこんなふうに軽くてはいけない。そう思われているに違いない。

軽くてはいけない。それは、歴史的には、文学は男子一生の仕事か、という昔の感覚に繋がっている。考えてみれば、いつから文学は立派な仕事になったのか。高橋源一郎の作品は、うまく行けば、面白いものになったはずである。しかしそうなるためには、文学は重いのか、軽いのか、著者自身の価値観がどこかで明瞭になっていなければならない。さもなければ、読者は惑うだけである。金を払っている相手を、ただ迷わせたのでは、商売にならない。

「小説推理」に書いている私の立場からすれば、小説はべつに人生を真剣に生きるために読んでいるわけではない。人生が問題なら、実人生のほうで日々努力すればいい。小説に人生の代わりができるわけではない。そういう立場からすれば、軽いというのは、あんがい重要なことである。さらにいうなら、人生は重くて面倒である。文学までそうなら、金を出してまで、なぜそんなものを読む必要があるか。

だから私はファンタジーを読み、推理小説を読む。いわゆる純文学だって面白けりゃ読む。町田康だって金城一紀だって読む。もちろん村上春樹も読む。どれがいいかといったところで、考えてみれば、比べるほうに無理がある。強いて自分の価値観をいうなら、プロの書いた小説を読むのだから、上手なほうがいい。なんであれ、ともかくなにか芸があるほうがいい。じゃあなにが芸か。これがむずかしい。無理に定義すれば、自分にはとうていできないことをするのが、プロの芸である。

あんなくだらない話を、あそこまで長く、ふつうは書けない。さすがにプロだ。

『海辺のカフカ』をそう評するなら、それも一つの批評であろう。私は自分で小説を書くわけではないから、そういう批評はしない。結構面白く書かれているのですよ、あの話は。そりゃ不足はいろいろありますよ。だから次はもっと上手なものを書いてくれ。読者というのは、そういうものだと私は思う。

ファンタジーに逃げ込む

　だから私はくだらないファンタジーを読む。このところ風邪で四日寝こんだ。こういうときには本を読むしかない。そうはいっても、ただでさえ頭が重いのに、ドストエフスキーを読もうという気にはならない。いつか『悪霊』[*4]を読み返そうと思い、読めば面白いのはわかっている。でも読めない。結局読んでいるのは、ファンタジー。ジョーンズの「ザ・ブック・オブ・ワーズ」[*5]三巻である。それとジョージ・マーティンの作品。原題は「氷と火の歌」[*6]、第一巻の翻訳がすでに出たが、その題を忘れた。

　ファンタジーは作りもので、要するに暇つぶしである。そんなもの、読んだところで、なにもならない。それはわかりきっている。ゲームと同じである。一生懸命やるが、やったところで、それがなにかになるわけではない。私の人生に似ている。そんなことを真剣に考えたら、自殺したくなる。だからそこはこれ以上、追求するまい。

　真面目なはずの話が、じつは真面目でない。だから逆に軽い読み物が損をする。いまはそういう時代ではないかと思う。どこにも真面目なものがない時代に、文豪をファルスにしてみても、じつはどうにもならないのである。何度も引用したが、今年私がいちばんピンときた話は、髙橋秀実『からくり[*7]民主主義』に出てくる、青木ヶ原の首くくりの話である。村人が歩いていると、青木ヶ原から人が這《は》い出してくる。「どうしたんですか」とつい尋ねると、「高い木の枝で首をくくったら、枝が折れて落っこちた」という。「それで大丈夫ですか」「いやあ、ビックリした、死ぬかと思った」

いまでは思いつめた「つもり」で首をくくったとしても、枝が折れてみれば、このていどなのである。真面目なはずの話が真面目ではないというのは、たとえばこういうことである。自殺が多くて村も困るので、看板を立てた。「ちょっと待て、死ぬ気になれば、なんでもできる」。これも自殺を奨励しているのか、止めようとしているのか、よくわからない。睡眠薬にしようか、首を吊ろうか、迷って青木ヶ原に来てみたが、そういうことなら、やっぱり首を吊ろう。そうならないとも限らないではないか。

小説は軽く実録は重く

　若い人は重たいものをダサイという。だから村上春樹がいいらしい。万有の真相一言にして尽くされて、若者に華厳の滝に飛び込まれるのと、村上春樹とどっちがいいか。村上春樹の訳書に『心臓を貫かれて』がある。これは重たい本である。モルモン教一家の殺人実話である。死刑にされたくて凶悪犯罪を起こし、ユタ州に死刑を復活させるという兄弟の、末弟が書いた実録である。こんなもの日本人に書けるわけがない。だから訳書なのであろう。あるいは『アンダーグラウンド』[*8]はサリン事件の被害者の聞き書きである。重いものも、あるではないか。小説は軽く、実録は重く。それならつじつまはそれなりに合っている。

年寄りはもう退場していい

　ま、そういうことはどうでもいい。なぜなら、私も墓に入る時期がだんだん近づいているからである。年寄りはさっさと引っ込むほうがいい。ところが新聞を見ると、七十を過ぎた年寄りが、乃公出でずんば、と頑張っている。こんな表現をしたところで、若者に通じるわけがない。乃公は音読みならダイコウで、訓読みならワシである。俺が出なけりゃどうなる。どうってことはない。

道路公団民営化でもめたらしいが、もめた人を見ていると、年寄りである。まったく、若者はなにをしているのかと思う。爺《じじい》はさっさと引っ込め。そう一言いえばいいではないか。功成り名遂げた年寄りが、人前で喧嘩しているのはみっともない。それだけ偉い人たちなら、周りに人がいないわけではあるまい。一言、忠告したらどうか。それでも新聞は経済について、「失われた十年」などとほざく。当たり前であろう。還暦を過ぎた私から見たって、まだ年寄りに見える人を、日銀や財務省のトップに据えてきたではないか。だから経済危機などといっても、じつは真面目にそう思っているわけじゃないな、と疑う。真面目な話が真面目じゃない世の中は、ここにもある。

私の母親は九十過ぎまで、開業医をしていた。生きている間、偉いですな、といってくださる人があった。私は「丈夫な患者がいるもんですな」と返事をしていた。自分で本気に病気だと思う人が、九十を過ぎた医者に診てもらおうと、真面目に思うわけがないだろうが。

真面目な話がじつは真面目ではない。そういう世の中で、軽いものを書くというのは、本当は大変なことなんじゃないか。若い人が軽いものを好むのは、いわゆる真面目の裏がなんとなく見えてしまうからじゃないのか。大人どもは、あんな、嘘ばかりつきやがって。それならはじめから嘘だとわかった話を、面白く読まされたほうがはるかにマシじゃないか。

私は村上春樹について、そんなことを思ったのだが、これはもちろん私の癖である。つまり私はたいてい考え過ぎなのである。だから余計なことを考えずに、ファンタジーを読む。だから村上春樹でいいのである。

（２００２年12月）

＊1　『海辺のカフカ』（新潮文庫）　村上春樹

＊2　『性的唯幻論序説』（文春新書）　岸田秀

＊3　『官能小説家』（朝日文庫）　高橋源一郎

＊4　『悪霊』（新潮文庫）　ドストエフスキー　Fyodor Mikhailovich Dostoevskii

＊5　「The Book of Words」（Orbit） J.V. Jones

　『The Baker's Boy』

　『A Man Betrayed』

　『Master and Fool』

＊6　「氷と炎の歌」（ハヤカワ文庫）ジョージ・R・R・マーティン　George R.R. Martin

　『七王国の玉座』第一部　上・下

　『王狼たちの戦旗』第二部　上・下

　『剣嵐の大地』第三部　全三巻

　『乱鴉の饗宴』第四部　上・下

　『竜との舞踏』第五部　全三巻

＊7　『からくり民主主義』（新潮文庫）　髙橋秀実

＊8　『アンダーグラウンド』（講談社文庫）　村上春樹

本を読んでも役に立たない

ロンドンの自然史博物館で、ほぼ十日間、虫の標本を見ていた。ここには虫の標本だけで数百万あるから、見ているだけでたぶん一生が潰れる。だから箱にして二十個分くらいしか見ていない。一種類ずつ、ていねいに見ていると、十日なんて簡単に潰れてしまう。

私は博物館のお客だから、業務を妨害しないように、いくら見る虫があっても、時間通りに帰る。ということは、五時過ぎは暇だということである。そこで本屋に行くと、読んでない本が山ほどある。虫と同じである。**スティーヴン・キング**の「**暗黒の塔**」[*1]シリーズ第五巻、『**カラの狼たち**』のハードカヴァーがあった。六百頁を超える本を旅先で買いたくない。荷物が増えるからである。それでもつい買う。昨年出た本だから、アマゾンで買えば済むのに、表紙を目にするといけない。手が出てしまう。

さすがに忙しくて、なかなか読む暇がない。「カラの狼」とはいうものの、ただの狼ではない。村では双子がよく生まれるのだが、その一方を狼たちが連れて行ってしまう、妙な連中である。何年かすると返してくるのだが、連れて行かれた子どもは、かならず知的障害者になって帰ってくる。というところまで読んで、先をまだ読んでない。先を読まなくたって、べつにだれも困らない。私も困らない。本とは、そういうものである。その点も虫の標本に似ている。だれも見なくても、だれも困らない。

解剖のあとに残るもの

思えば、解剖もそうだった。人体をバラして、一生懸命に見たところで、どうにもならない。バラさなくても、とりあえずだれも困らない。なんでこんなことをやるのか。それが若いころの疑問だった。長年やれば答えが出るかもしれない。そう思って長年やった。答えが出たようでもあるが、正解かどうか、それがわからない。

解剖に似た作業といえば、絵描きさん、彫刻家であろう。自分でやる手作業で、やったことはすべて、自分のしたことである。

これがあんがい、いまでは理解されない。今の人は世間にどっぷり漬かっている。それなら相手が必ずある。相手は生きものだから、どんどん変わる。営業をすれば、お客が入れ替わり立ち替わりである。医者をやれば、患者が入れ替わる。同じ患者でも、容態が変化し続ける。相手の変化に応じて、自分のすることを変えなければならない。解剖や美術にそういう面がないとはいえないが、相手はいつも同じである。絵を描きかけたら、たいていは最後まで描く。同じ絵が変化していくが、その変化はすべて「自分がやったこと」である。それ以上でも、それ以下でもない。それに対して、患者さんの容態の変化は、必ずしも医者のせいとは限らない。相手がいわば「勝手に」変化する。その変化に対応するだけでも、「仕事になる」のである。

ルネッサンスの工房には、建築家も絵描きも彫刻家もいた。そうした人たちにとって、解剖が必須だった。それは現実の必要性というより、本質的な作業の類似性ではなかったかと、最近私は思うようになった。自分のすることだけが仕事で、それ以上でも以下でもない。そこが解剖と美術に共通しているのである。

原稿書きも同じである。私が書かなきゃ、一歩も進まない。どんな下手なものを書いたとしても、自分が書いたことに変わりはない。そういう仕事をする人を、昔の人は職人と呼んだ。いまでは職人は数が減った。サラリーマンに変わったのである。

解剖には「売る」ものがない

ところが同じ職人の仕事でも、解剖だけはさらに変なところがある。美術や建築なら、ともかく最後に「作品」が仕上がる。解剖にそれはない。最後まで行くと全部バラバラ、なにも残らないのである。作品なら「売れる」が、解剖には「売るもの」がない。じゃあなんで、そんなことをするのか。解剖ではいったい、なにを「売ればいいのか」。

商売じゃないんだから、売る必要はない。そういう理屈で誤魔化そうと思っても、実際にやっていれば、誤魔化されない。売る必要がないといったって、なにか役に立たなけりゃ、やる意味がないじゃないか。だれだってそう思うはずである。だから人体に関する具体的な知識を得るのだとか、医学生の通過儀礼だとか、さまざまな説明がある。でもやっている本人としての私は、そんなことでは納得しなかった。

いまはどう思っているか。解剖というのは、修行なのである。最後に作品ができるわけではないから、やっている途中の経過から、「自分がなにかを得る」しかない。そういう作業を昔の人は修行といったのである。坊さんなら、滝に打たれたり、座禅を組んだりする。それでなにか「売れる」「役に立つ」かというなら、まったく無益というしかない。やったところで、どこにも「作品」はない。強いていうなら、じつは自分自身がその作品である。

滝に打たれる以前の自分と、以後の自分、その違いが修行の効果であろう。それならどんな効果があったか。そんなことは、自分ではわからない。なぜわからないかというと、自分が変わってしまうと、前の自分がわからなくなるからである。だれかが滝に打たれる修行をして、もうあんな修行はコリゴリだと思ったとする。それなら「滝に打たれよう」と思った自分は消えてしまったのである。なぜ「滝に打たれよう」なんて考えたのか、まったくわからないであろう。「わかったつもり」でいるかもしれないが、懲りた後の自分は、まさか滝に打たれようなどとは思わないのだから、修行を始めたときの自分とは違うことが歴然としている。

これを屁理屈だと思う人もあろう。そうかもしれないし、そうでないかもしれない。屁理屈だと思うのは、「同じ自分」があると、じつは無前提に信じているからだと、私は思っている。そんな自分はない。それを悟るのが、私の場合には、解剖という修行の効果だったのかもしれないと、いまでは思うのである。

なにはともあれ、それだけの時間を費やして、なにかを懸命にやったのである。しかしなんの作品もできない。昔ならそれで「論文を書く」という手があった。しかしこの現代に解剖なんて古臭いことをしても、だれも評価しない。きちんと実験的な研究をしなさいと説教されるのがオチである。それなら修行にするしかない。すべての作業を「自分に返す」のである。「自分を作品にする」のである。

解剖で身につけた「考える癖」

おかげさまで、その種の仕事をするのが楽になった。三十年もわけのわからない修行をしていれば、修行に対する耐性は増す。減る人もあるだろうが、私は増すほうの性格だったらしい。本を書けば、作品ができて、それが売れる。修行慣れしていれば、作品ができなくても、できて売れなくても、いっこうに痛痒を感じない。修行ならそれで当然だからである。本が売れなきゃ、修行はムダだったじゃないか。そうではないと思う。私の場合には、はじめから売るつもりなんかなかったからである。現に売れない本もたくさん出した。キングの話が修行になったのは、キングの書き方から連想してしまったからである。ホラーを書きながら、自分で怖くなって、タイプライターの前から動けなくなる。それなら読者が怖がるわけで、こういう人は一種の天才であろう。あんまり修行をしたとも思えないからである。でも考えてみると、自分なりに修行を積んでいたのかもしれない。はじめは売れない本をたくさん書き溜めたに違いないからである。書かなくたって、頭のなかで書く。それは私もすることである。

解剖は手作業である。その作業をする間、ああでもない、こうでもないと、いろいろ考える。ほとんどは愚にもつかないことだが、おかげであれこれ、どうでもいいことを考える癖がつく。忙しくて、役に立つことばかりしていたら、こういう暇はあるまい。しかも死体という存在は、現代では日常というには程遠い。それなら「滝に打たれる」のと似たようなものであろう。

大学を辞めて、その解剖が日常から消えたから、今度は虫になった。これも修行以外のなにものでもない。虫を見たって、作品は残らない。虫を捕まえて、標本にすれば、標本は残る。しかしその標本は、「見る人がいる」ことが前提になっている。私は虫捕りをする人の気持ちがわかるから、標本を懸命に見る。見なけりゃ、標本の意味がないではないか。しかし標本を見て、どうなる。どうもならない。ふたたび「自分に返す」しかないのである。それなら標本を見るのも、修行である。

読む行為を「自分に返す」

そこでやっと読書にたどり着く。読書も役に立たない。立つと思う人は、ノウハウ本を読むであろう。だからノウハウ本は売れる。しかしそれは読書ではない。読まなくたって内容を教えてもらえばいいからである。キングのホラーを読んだって、なんの役にも立たない。そんなことはわかりきっている。だからそれが読書なのである。読んだという行為を「自分に返す」しかないからである。

よくそれを「自分が豊かになる」という。これもなんだか、あまり嬉しくない。豊かもなにも、私はいつでも私である。ただしそれは、「同じ私」という意味ではない。私は私なのだが、それはいつも違う私なのだといってもいい。

解剖のように、自分が働きかけない限り、まったく変化しない対象を扱っていると、自分の変化に敏感になるしかない。読書も同じである。何度読んでも、相手は同じである。ただし読書の固定性は、解剖の場合よりひどい。解剖なら、自分がやった分だけは、相手が変化する。本にはそれもない。十年前に読んだ本の中身は、十年前のままである。作品が残るということは、そういうことである。

こんなことを、なぜくだくだ考えるのか。だからそれは、おそらく解剖をやったおかげなのである。

解剖なんて役に立たない

解剖学者が主人公の推理小説があったりすると、どうですかと訊かれる。そういう本を私は読まない。推理小説に解剖が出てきたら、病理学者か法医学者に決まっている。こうした人たちは、死体からなんらかの情報を得るのが仕事である。私の定義でいうなら、それなら「役に立つ」のである。骨の話で人類学者が出てくることはある。でもそれは、骨の鑑定の専門家という意味だから、やっぱり実用である。私がやっていた系統解剖というのは、その種の有用性がまったくないといっていい。おかげさまで、修行の期間がなんとも長かった。自分で定年にしなければ、いまでもやっていたかもしれない。

比叡山に千日回峰行のお坊さんがいる。これも修行の典型であろう。山の中を千日駆けずり回って、なにかになるとは思えない。「役に立つ」ことを主眼とする現代人の生き方に、こうした修行は含まれていないであろう。それで生き甲斐とか、人生の豊かさとかいう。そんなことを思うなら、修行をすればいいのである。もっとも私は、そんなことを考えずに、修行の世界に放り込まれた。修行なんて、それでなけりゃ、できないものかもしれないのである。

（2004年6月）

＊1　「ダークタワー」（角川文庫）　スティーヴン・キング　Stephen King
『ダークタワー Ⅰ ガンスリンガー』上下
『ダークタワー Ⅱ 運命の三人』上下
『ダークタワー Ⅲ 荒地』上下
『ダークタワー Ⅳ 魔道師と水晶球』上下
『ダークタワー Ⅴ カーラの狼』上下
『ダークタワー Ⅵ スザンナの歌』上下
『ダークタワー Ⅶ 暗黒の塔』上下

昆虫と小説のあいだにあるもの

八月いっぱい、アフリカで動物を取材していた。テレビの仕事だったから、取材と表現するのが正しいと思う。もっとも私自身は、暇があれば相変わらず虫を捕っていたから、取材というより、やっぱり虫捕りというべきかもしれない。

その間は、おかげさまで、いっさい本を読まずに済んだ。新聞も読まないし、テレビも見ない。まして原稿なんか書かない。ひたすら動物を追いかけていた。これこそ本当の人間の生活ではないか。ところが日本に帰ってきたら、九月と十月はなにも考えないうちに過ぎた。八月に怠けた用事が、秋にどっと集中したからである。そのうえ十一月になったら、これを書いている。人間らしい生活は消え、もはや元《もと》の木阿弥《もくあみ》になってしまった。

展足の技術

　虫捕り取材に行かないいまは、なにをしているか。捕まえた虫の足を伸ばしている。この夏に捕った虫は、もう硬くなって、足を曲げたまま縮こまっている。そのまま昆虫針を刺すか、小さいのは紙に貼り付けるという手もあるが、それだと足が邪魔をして、標本の見たいところが見えないことがある。後で困るから、もう一度柔らかくなるようにして、足を伸ばす。

　もちろん捕りたての、まだ柔らかいときに、ふつうは足を伸ばし、形を整えておく。これを展足という。展足をしないと、その虫の全体の印象が不明確になる。一定の形に整えられた標本になっていれば、似ているけれども少し形が違うという種が混ざっていても、一見しただけで区別がしやすい。きれいな標本を作るというのは、かならずしも格好をつけているだけではない。実用的な意味がある。

　ただし虫捕りに忙しくて、展足が現地でできないことも、ままある。さらに他人から貰った虫も、しばしば縮こまってかたまっている。私に呉《く》れるくらいだから、捕えた本人にとっては、どうでもいい虫なのである。だから捕えた本人は足を伸ばすのが面倒で、いわば死んだときの姿のままで、私に呉れる。それを貰って、私がていねいに足を伸ばす。いってみれば、無縁仏の骨を集めて、回向《えこう》をしているようなものである。このあたりは、昔やっていた解剖と似ていないこともない。

女房の蒸気アイロンを取り上げて、硬くなった虫にアイロンをかける。もちろん虫をアイロンで押しつぶしたのでは話にならない。蒸気だけを当てるのである。そうすると、中華饅頭《まんじゅう》をふかす原理で、硬くなった虫が柔らかくなる。そうなったら足を伸ばす。蒸気さえ出れば、べつにアイロンでなくてもいい。だからわざわざ昔風のポットを探してくる同好者もいる。私がアイロンを使うのは、たまたま熱い蒸気が手軽に出る器具が、わが家ではアイロンしかなかったためである。

展足は細かい作業だから、とくに虫が小さいと、ここで書いているほどには簡単ではない。ピンセットできつく摘《つま》むと、細い足が折れる。付節という、足先のいくつか細かい節になった部分が、とくに切れやすい。だから細かいところを扱う作業には、私は絵筆を使う。タイのチェンマイで仕入れた筆を五本くらい使っている。べつにチェンマイの筆が道具として理想的だというわけではない。たまたまチェンマイで虫の足を伸ばそうと思ったときに、同行の素人に筆を買ってきてくれといったら、用途がよくわからないので、いろいろたくさん買ってきてしまったのである。だからそれを日本に持ってかえって、いまだに使っているだけの話である。

虫のあいだに人生が挟まっている

こんなことをして、なにになる。いつもそう思いながら、それでも飽きもせずひたすらやっている。推理小説でも読んだほうが、まだ勉強になるかもしれない。小説なら、あることないこと、ともかくいろいろ書いてある。虫の足には、なにも書いてない。雌雄の鑑別くらいはできることもあるが、虫の雌雄を鑑別したところで、だれも喜ばない。

こういう作業をしながら、死んだ母親を想いだす。そんなに虫ばかり見て、なにが面白いの。年中そういわれていたような気がする。たまには勉強しなさい。その母親がとうに死んで、あとは女房子どもだが、こちらははなからあきらめているらしい。週末に息子が電話をかけてきて、話に気が乗ってない様子を察したらしく、なにをしていると聞くから、虫をいじっているといったら、じゃあ来週といって電話を切った。虫をいじっているときは、なにをいってもムダだと、わかっているのである。

振り返ってみると、虫のあいだに人生が挟まっている。そういう感じである。そのまたあいだに推理小説が挟まっているから、どんどん人生が減ってしまう。寝ることも食うことも、虫と小説の合間にやらなければならない。だから忙しい。

法廷ミステリーの秀作

紹介しようと思って、本を積んでおいたら、ずいぶん多くなった。いちばん下のを出してみると、**ジェイムズ・パタースン**の『**クレイドル・アンド・オール**』[*1]である。この表題の意味はよくわからない。いずれ翻訳が出るに違いない。ともかくアメリカとアイルランドの田舎とで、二人の若い娘がそれぞれべつに処女懐胎をする。そういう変な話である。本当かどうか、それはわからない。ひょっとすると、一方は悪魔の子で、他方は神の子である可能性もある。筋をいってしまってはつまらなくなるから、解答は書かない。それに正確な筋はもう忘れてしまった。ところどころにキングの作品のようなスリルがあって、なかなか面白かったという記憶がある。推理小説でなし、かといって純粋なホラーでもなし、その中間というところだというしかない。

古いものはともかく、最近の作品ではまず**スコット・トゥロー**の『**囮弁護士**』[*2]（文藝春秋）がいちばん面白かった。たまたま裁判所の調停委員の会で話をするように頼まれ、話の後で会食をした。そうしたら多くの人がこの本を読んでいることがわかった。やっぱり面白いという感想である。法律関係の人でも面白いというのだから、本物であろう。

裁判所の判事の汚職を摘発するために、FBIに悪事の尻尾をつかまれた弁護士ロビーが、やむをえず囮《おとり》の役をやらされる。判事に賄賂《わいろ》を渡す役をするわけである。物語の語り手である「私」は、ロビーの弁護士という設定になっている。アメリカでは囮捜査の場合にも弁護士がつくというのを、私ははじめて知った。むろん物語の実際の主人公はロビーである。この人物の造形がたいへんいい。単なる詐欺師というはじめの印象が、物語が進むにつれて、しだいに変わってくる。ロクなことはしないのだが、本人の言い分を聞いていると、それなりにもっともな面がある。こうして読者はしだいにロビーが単なる悪漢とは思えなくなってくる。知り合うにつれて、そうした印象が強くなってくるのは、現実の人間でもそうだから、よく書けているというべきであろう。法廷小説の作家では、トゥローがいちばんムラがない。いつも標準以上の作品を書く。そういう印象がある。

法廷物といえば、**リチャード・ノース・パタースン**の**『子供の眼』**[*3]（新潮社）の翻訳も出た。これは前作**『罪の段階』**[*4]の続篇みたいなものである。私はかなり以前にペイパーバックで読んでしまった。今度の翻訳を読んでみたら、意外に中身をよく覚えている。筋を覚えていたのでは、落ちが割れているから面白くない。最初に読んだときは、はるかに面白かったという記憶がある。パタースンも上手な書き手だが、今度の作品では主人公の弁護士パジェットが殺人罪で起訴されるという設定だから、筋書きにいくらか無理がある。主人公の行動を読者に明かさないように、途中まで書いているから、書き方がむずかしくなる。固定した視点がなくなってしまうのである。この作品はそこが難点であろう。トゥローの作品と続けて読んだので、トゥローの芸が目立ってしまった。

リアリティの欠如

次はジョン・グリシャムの『裏稼業』[*5]（アカデミー出版）。連邦刑務所で服役している三人の判事が、新聞に若い同性愛者が相手を求めていると解釈されるような広告を出し、それに引っかかった相手を脅迫して、小金を稼いでいる。そこに次期大統領候補と、その候補をバックアップしているCIA長官がからむ。そういうお話だから、デテールの面白さはあるが、いくらなんでも現実感が乏しい。アメリカでは、同性愛が脅迫の材料や政治家としての欠陥条件になるというのを、あらためて知った。反セクハラにしてもゲイ・リブにしても、そうした社会運動が盛んなのは、差別の存在の強さを示しているわけで、運動が存在すること自体は、かならずしも社会がよい状況にあるということを示しているわけではない。

現実感がないといえばフィリップ・カーの『セカンド・エンジェル』[*6]（徳間書店）。これはSFだから、ある意味で現実感がなくて当然だが、題材が血液だからよくなかったのかもしれない。医学がらみの作品はたくさんあるが、私はたいてい評価しない。職業柄かもしれないが、嘘が目立って面白くない。医学領域に持ち込めば、さまざまな設定ができると著者は思っているのかもしれないが、じつは逆だと思う。科学技術は「なにかをできるようにする」ものだと一般には思われているが、科学そのものはむしろ「なにかができない」ことを明確にするのである。熱力学は永久機関を否定した。それだけ考えてもわかるであろう。その「できない」ものを、「できる」という設定で書いてあると、どうも面白くない。

細部へのこだわり

時代物ではチャールズ・パリサー『大聖堂の悪霊』*7（早川書房）。『五輪の薔薇』*8も凝った作品だったが、今度も別な意味で凝っている。大聖堂で過去に起こった殺人と現在とが交錯し、さらに最初と最後にほとんど独立したエピソードがつけられて、筋書きが完結する。ていねいに読まないと、なにがなんだか、わけがわからなくなる。新幹線のなかで読んで、読み終えずに降りたから、残りを電車の中で読み、さらに家で最後の部分を読んだ。そうしたら、途中から話が見えなくなってしまった。落ち着いて読まないと、混乱してしまう。読み手にこういう緊張を要求するのは、いかにもイギリスである。

文庫ではジェフリー・ディーヴァー『悪魔の涙』*9（文春文庫）がいい。筆跡鑑定で脅迫者についての情報を探り出そうとする。『ボーン・コレクター』[*10]にも出ていた、ディテールへのこだわりがよく生きている。ディーヴァーの作品はその意味で現代の本格物といえよう。『静寂の叫び』[*11]が私の読んだ最初の作品だったが、耳の聞こえない人のことを、著者は本当によく調べていると感心した覚えがある。ディテールが楽しめれば、この人の作品に当たり外れはない。『ボーン・コレクター』の主人公も麻痺患者だが、こうしたタイプの患者さんのことを、作者がじつによく理解していることがわかる。医学関係のことを書いた面白い作品もあるわけで、ということは結局は作家の才能の問題か。

（2000年11月）

＊1　『Cradle and All』（Ulverscroft Large Print Bks.）　James Patterson
＊2　『囮弁護士』（文春文庫）　スコット・トゥロー　Scott Turow
＊3　『子供の眼』上下（新潮文庫）　リチャード・ノース・パタースン　Richard North Patterson

＊4 『罪の段階』（新潮文庫）　リチャード・ノース・パタースン

＊5 『裏稼業』上下（アカデミー出版）新書　ジョン・グリシャム　John Grisham

＊6 『セカンド・エンジェル：血の黙示録』（徳間書店）　フィリップ・カー　Philip Kerr

＊7 『大聖堂の悪霊』（早川書房）　チャールズ・パリサー　Charles Palliser

＊8 『五輪の薔薇』（ハヤカワ文庫）　チャールズ・パリサー

＊9 『悪魔の涙』（文春文庫）　ジェフリー・ディーヴァー　Jeffery Deaver

＊10 『ボーン・コレクター』上下（文春文庫）　ジェフリー・ディーヴァー

＊11 『静寂の叫び』（ハヤカワ文庫）　ジェフリー・ディーヴァー

現実世界への反抗

暮れから正月にかけて、ロンドンに行った。自然史博物館に行って、虫を見るのが主な仕事だが、あとは本を買って読む。本を買うだけならアマゾンでも間に合うはずだが、本を手にとらないと納得しないところがある。だからどうしても本屋に行くことになる。

しばらく見なかったから、ファンタジーを探した。すでにまとまってしまった作品ではテリー・ブルックスの『シャナラの剣』[*1]が合本になっていた。千二百ページ、なんとも重い。まずこれを買う。これだけあれば、当分本を買わないで済む。読み終わった分は、破いて捨てればいい。荷物がしだいに軽くなるから、旅行中でも大丈夫。どうせ話は忘れるんだから、本をとっておいても仕方がない。読みたくなったら、また買えばいい。私の場合、ファンタジーは完全な消耗品である。

一冊だと、話がつまらなかったら、読むものがなくなる。だからついでに、まだ読んでないのを探す。フィオーナ・マキントッシュの『ミレンの贈り物』*2、ペイパーバック三冊ものを買う。これは軽い。さらに探すと、ロバート・ジョーダンの「時の車輪」シリーズの新刊がある。前の分をほとんど忘れかけているが、ともあれ買う。さらにジョージ・マーティンの「氷と火の歌」第四巻、『カラスたちの饗宴』が出ている。これも読まないわけにいかない。これまでの分を読んでしまっている以上、乗りかかった船である。この第四巻は、二つに分かれている。重要な登場人物が十数人いて、ハードカヴァー一冊では、まだ半分の人についてしか、説明がない。残りの半分は間もなく出るという。あいつらはどうなったんだ。そういう疑問が宙に浮いて、痒《かゆ》いところを掻《か》くことができない。連載と同じで、イライラする。長さからいえば、北方謙三の『水滸伝』みたいなもの。

『水滸伝』のほうは、べつに先を読みたいと思わないが、ファンタジーは途中で切られてはたまらない。

二月までには、全部読んでしまった。自分でも呆れる。本を読む一面は逃避だが、ファンタジーは完全にそうである。魔法だの、ドラゴンだの、王侯貴族だのと、なんの関係もない話をひたすら読む。子どもじゃあるまいし、七十歳近いジジイが読むものじゃないだろうが。そう思いながら、とりあえず面白がって読む。ちゃんと読む気になるんだから、仕方がない。ゲームと同じである。

そんなことをしてなにになる

読むのが馬鹿なんだと思うと同時に、書くやつはどうなんだと思う。そういう疑問を発すると、いまでは「金になる」という返事が返ってくる。いくら金になるにしても、もうちょっと「現実的」な儲け方があるんじゃないか。いい大人が、毎日、ドラゴンだ、魔法だという話を書いてどうなる。ロバート・ジョーダンもさすがに息切れではないか。番外編を書いたりしている。それでも外人は体力があるよ、としみじみ思う。私の恩師は、昼飯にステーキを食うのと、ソバを食う違いだヨ、といっておられた。ジョージ・マーティンもそう。作品が長い。なかなか終点にたどり着かない。登場人物の紹介が巻末に置かれているが、これがなんと五十ページある。これがないと、誰が誰やら、著者本人がわからなくなるに違いない。ジョーダンもマーティンもアメリカ人だが、よくやるよ、というしかない。こんなこと書いて、なにになるんだ。つくづくそう思う。

解剖も虫捕りもそうだが、そんなことをしてなにになる。年中、そういわれてきた。ファンタジーを読むのは、もっとひどい。読んでる本人が、なんにもならないじゃないかと思っている。なにもならないことを、好んでするように生まれついているとしか、思えない。ファンタジー作家に聞いてみたいのは、なぜこんな役に立たないことを書くんだという質問である。

不死身のからくり

『ミレンの贈り物』では、魔女とみなされて、迫害され殺される女性ミレンが、臨終の際に、主人公である男性にある贈り物をする。その贈り物とはなにか。その興味を上手に引っ張りながら、物語の前半が進行する。悪役がこれでもかというくらいに、残虐で意地悪で、西洋だなあと思う。「グリム童話」と同じで、そこは日本人の感覚に合わない。この作品三巻だけがフィオーナ・マキントッシュの作品として紹介されているから、いってみれば新人であろう。まとめてクイックニング三部作と呼ばれている。クイックニングは日本なら「生まれ変わり」というところだが、まあ「生き返り」とでもいうべきか。「命を与える」という意味でもあって、この名前の登場人物が『シャナラの剣』では重要な役割を演ずる。

この作家は、推理小説も書けるのではないかと思う。『ミレンの贈り物』には、推理もののような面がある。種を明かすようだが、じつはこの「贈り物」とは、自分が直接に相手に殺されると、相手と自分が入れ替わってしまうという「呪い」なのである。つまり殺されたほうが相手の体のなかで生き、殺したほうの相手は死んでしまう。こういうアイディアなら、だれかがすでに書いていそうだが、私は知らない。トリックが先にあって、それが上手に生きる事態を設定したに違いないから、その意味では推理小説である。この「呪い」のおかげで、主人公は何度も殺される羽目になる。ここが案外面白い。ふつうファンタジーの主人公は無敵なわけだが、「呪い」のおかげで、肝心なときになると、殺されてしまう、しかしじつは不死身だという主人公ができた。もちろん、意図的に殺されるように仕向けることはできない。そういう約束事になっている。こんな話を考えるのは、著者が女性だということも、関係するのかもしれない。

テリー・ブルックスはテリー・グッドカインドではない。この歳になると、横文字は混乱を起こすので、どこかで見た名前だと思っていたが、全然関係がなかった。ブルックスのほうは、たぶんイギリス人である(アメリカ人でした)。作品としてはふつうの出来で、ドラゴン、ドゥオーフ、トロール、エルフ、ロック鳥、それに魔法の剣とくれば、典型的なイギリスのファンタジー。こんなもの読んだって、仕方ないよ。そう思いながら、とうとう読んでしまう。読んでしまうんだから、文句はいえない。

ファンタジーに見る英米の違い

いくつかファンタジーを並べて考えると、アメリカものとイギリスものは、やはりいささか違うとわかる。イギリスもののほうが古典的で、その意味では下敷きがある。日本でいうなら、時代小説のフィクション性が強くなったと思えばいい。要するに「指輪物語」に戻る。『シャーディック』のアダムスは、その点ではやはり優れた作家だと私は思う。独自の世界を構築するからである。

アメリカものは、古典の世界に頼らない。おかげで魔法の約束事が狂うから、読むほうは面倒である。吸血鬼なら、昼間のうちに棒杭を心臓に打ち込めばいい。そういう既成の約束事が使えない状況を設定する。ビル・ゲイツみたいなもので、自分のソフトを強制するのである。そのかわり徹底して話が長くなる。新しいソフトを考えるのは大変だから、著者が作った同じ約束事の上で、長々と話を進行させるしかない。マーティンの「氷と火の歌」では、魔法は重要な役割を演じない。そのうち正面に出るのかもしれないが、まだあまり出てこない。それでもドラゴンはすでに出てきて、今度の四巻の最後では、どうもヒトの子どもを食ったらしい。さてどうなるかというところで、話が終わってしまったから、私は紙芝居の続きを待っている子どもの心境である。

「時の車輪」シリーズは、翻訳で読んでいる人も多いと思う。これは魔法が厄介で、アメリカものの典型であろう。著者は魔法をいろいろ考えて、勝手な新語をそれに合わせて創造する。こちらは前の話の細かいところを忘れているので、そういう言葉の定義も忘れてしまっている。登場人物はおそらく百人の桁に達するはずだが、だれがだれやら、しばしば思い出せない。それでも読んでいるうちに、なんとなく思い出してくる。ともあれ、よくやるよ、とまた思う。

現実もまたファンタジー

ファンタジーなんか、なぜ読むか。先に逃避と書いたが、言い換えれば、世間の出来事への反抗なのである。現実の出来事にそっぽを向いて、まったく架空の話を読みふける。なぜ反抗かというと、「同じことじゃねーか」と思っているからである。テレビを見ていたって、ファンタジーを読んでいるのと同じで、なんにもならない。テレビを見て、怒って、抗議の電話をかける人の中には、それがあるはずである。本来ファンタジーみたいなものなんだから、視聴者を不快にするんじゃない。ほとんど無意識であろうが、そう思っているに違いないのである。自分に心地よいように、画面ができていなければならない。それが都会人の信念であろう。

ファンタジーはファンタジーであることがいいので、それを実生活にしてはいけない。そう私は思っている。人間はファンタスティックなことを好むので、それはそれでいい。その傾向を現実化したものが都市で、だから未来都市などと、すぐにいう。

私は地面があって、草が生えて、霜柱が立って、虫が這っている世界がいいので、高層マンションで画面を睨んで、キーボードを打つ「現実」なんて真っ平である。そういう人間にとっては、ファンタジーで十分なので、それを「現実」にする必要なんかない。

もう一つ、ある。ファンタジーを楽しんだって、まったく無害である。テレビは見たくない人まで引き込む可能性がある。家族が見ているから、やむを得ず見てしまったということがある。本にはそれがない。自分で読むしかないのである。それならすべてはそれこそ自己責任で、面白かろうが、つまらなかろうが、それで仕方がない。ファンタジーを自己責任で読んできた経験からいうなら、ファンタジーは有益である。

ファンタジーの読者は、最終的にはもっとも現実主義者なのだという逆説を、ご理解いただけるであろうか。まったく努力せずに、なりたいものになれる。そんなものは「浅い」と思うのは、本当には読んでいない証拠である。一切唯心造という禅語をご存知であろうか。

（２００６年２月）

＊1 『シャナラの剣』（扶桑社） テリー・ブルックス Terry Brooks

＊2 「The Quickening」（EOS） Fiona McIntosh

『Myrren's Gift』

『Blood and Memory』

『Bridge of Souls』

第2章

物語という別世界

〜脳が〝非日常〟を紡ぎ出す〜

ファンタジー中毒

ファンタジーを読みたいという気分がある。退嬰的《たいえいてき》な気分である。仕事も疲れるし、積極的なことなど、とくにやる気はない。そうかといって、半端に暇がある。その暇に働けば、いくらか仕事になるかと思うが、その気もない。そういうときにファンタジーを読むと、その世界に引き込まれて、他のことを考えないで済む。そこがいちばん重要である。他のことが気になったのでは、竜だの鏡だの、魔法だの呪いだのという、現代世界ではアホとしかいいようのない話題に釣り込まれようもない。

新幹線に乗る前に、たまたまそういう気分になった。駅前の本屋に立ち寄って、適当なファンタジーがないかと探した。そうしたら**ロバート・ジョーダン**の**「竜王伝説」**[*1]（ハヤカワ文庫）があった。帯には「全世界で千万部突破」と書いてある。それなら暇つぶしくらいにはなるかもしれない。それで第一巻を買った。新幹線に乗った駅は新横浜、行く先は名古屋だから、手持ちの時間は「のぞみ」で一時間半、文庫本一冊では足りないかもしれない。しかし買って読んでみて、つまらなければもう読まない。だから一冊にした。

第一巻を読んでしまって、続きが読みたくなった。著者だってそういうつもりで書いているに違いない。こういう長い話は、読者を釣らなければ、先を読んでもらえない。著者の思惑通りにこちらが釣られて、第二巻を買おうと思ったが、本屋に行く気にならない。どうせ必要な巻を置いていないに決まっているからである。たまたま第一巻があったのが、不思議なくらいのものである。なにしろ翻訳された分だけですでに三十二巻、これでは欲しい巻が本屋で見つかるほうがおかしい。

こういうときに便利なのが、インターネットである。早速アマゾンを呼び出して、すでに出版されている分を全部注文した。三日ほどしたら残りの三十一巻が全部届いたから、立て続けに読んでしまった。一日で読み終えた。むろん冗談である。なにしろ著者がジョーダンだから、仕方がない。じつは全巻読み通すのに、三日ほどかかった。

オヤジ・ギャグは脳機能の低下？

こういう駄洒落を専門的には音韻連想という。精神分析には、自由連想という方法がある。患者を長椅子などに横にならせて、楽な姿勢をとらせる。分析医がある単語をいい、それを聞いて連想する言葉を、患者は即座に答える。抑圧があると、その抑圧に関係した言葉に対する連想だけが遅れる。たとえば母親に対するなにか抑圧された心理が存在すると、母親に関する言葉への連想に遅れが出る。極端な場合、なにも頭に浮かばないという状況になる。これで患者の心理に潜在する抑圧を発見できる。

こういう連想ゲームを続けて、夜中までやる。時刻が遅くなるにつれて、連想に音韻連想が増える。つまり駄洒落が増えてくる。だから専門家は、音韻連想は脳の高次機能の低下だという。オヤジ・ギャグつまり中年男のギャグは、しばしば駄洒落である。これを専門的に表現するなら、脳の高次機能の低下ということになる。駄洒落ばかりいうようになったら、高次機能の低下を疑う必要がある。

個人的な知り合いで、駄洒落の達人は河合隼雄氏である。以前の話になるが、華厳経の研究会に参加したことがある。河合氏が座長役だった。この会に出ると、まず氏の駄洒落が始まる。近頃はボケて、列車のなかで寝てしまう。目が覚めると、自分がどこにいるかわからない。たまたま車掌が通りかかったので、これはどこ行きの列車ですかと尋ねた。そうしたら車掌がそれはキミツです、と答えた。慌てて、それならこの列車はなんという列車ですかと尋ねたら、ボーソー特急ですと答えた。そんな話をする。華厳経のことは一切覚えていないが、こういう話ならよく覚えている。

それは思い出したが、なぜ華厳経だったのか、それがわからない。夢枕獏さんも同じ会に出ていたはずだが、獏さんと華厳経の関係もいまひとつ不明である。陰陽師と華厳経は無関係ではないかと思われる。さらに河合氏の場合、脳の高次機能が低下しているというべきだろうか。あれだけさまざまな要職をこなしている人に、高次機能の低下があるのだろうか。それともそうした要職には、高次機能は不要なのか。高次の反対を低次だと思うから、誤解が生じるのかもしれない。高次ではない機能とは、つまりは基本的な機能である。河合氏の場合には、脳の基本的機能がしっかりしているというべきか。

続きが待てない！

ジョーダンの話のはずが、音韻連想で違うほうに行ってしまった。『竜王伝説』は**「時の車輪」**シリーズの第一部である。そのあと**『聖竜戦記』**五巻、**『神竜光臨』**五巻、**『竜魔大戦』**八巻、**『竜王戴冠』**八巻と続き、いまは第六部**『黒竜戦史』**の第一巻が出たところである。これだけ話が長いと、説明が面倒くさい。説明する必要もないと思う。ファンタジーだから、要はいつ、どことも知れない世界の話である。この世界には、三千年後に竜王が再臨するという伝説があって、つまり三千年後から話がはじまる。かつて竜王は闇王の呪いに触れ、家族一同を皆殺しにし、自分も死んでしまった。その再来であるらしい若者が、三千年来封じ込められている闇王と戦う。もっともいまは、まだそこまで話が届いていない。

　もう白髪の老人が、こんなものを読みふけって、どうなるものか。正気に戻ると、そう思う。もっともその正気でなにをするかというなら、今度はゴミみたいな虫を顕微鏡で見ながら、頭の幅や大きさを測っていたりする。脳の高次機能の低下かもしれない。

　ファンタジーといえば、**「ネシャン・サーガ」**[*2]も第三部**『裁き司最後の戦い』**（あすなろ書房）で終わってしまった。その隣には**「ライラの冒険シリーズ」**[*3]第三巻の**『琥珀の望遠鏡』**（新潮社）が置いてある。こういうふうにときどき続巻が出るファンタジーは、次が出た頃には、前巻の筋書きを忘れているので具合が悪い。こちらがボケたのがいけないのだろうが、こればかりは自分でもどうしようもない。本をとっておいて、全部出てから読み直すというのが、いちばん良い方法であろう。ただ私の歳になると、その頃には死んでいるという可能性も高い。それではせっかく大事にとっておいた本を読みそこなう。それがなんだかいまいましい。

大人のための寓話

ハリー・ポッターの映画が売れて、興行収入が二百億円とかいう記事が出ていたような気がする。それならやっぱり、かなりの人がファンタジーが好きなのである。そのとばっちりで**「指輪物語」**[*4]も出ている。読んでいるうちはいいが、読み終わると、お前正気か、と自分で思う。それがファンタジーの難点である。もっとも「高級な」ファンタジーがないわけではない。**ミヒャエル・エンデ**はかなり高級な話を書く。**『はてしない物語』**[*5]**『モモ』**[*6]は好例であろう。『モモ』はみごとな寓話だと思う。ドイツでは、さらに**エーリッヒ・ケストナー**の作品がある。**『ファービアン』**[*7]はケストナーが書いた唯一の大人のための小説だが、いってみれば、これも大人のための寓話である。こういうものなら、私も書いてみたいと思うことがある。もう一つ、**ベラ・バラーシュ**の短編**「ほんとうの空色」**[*8]、これもいま思い出したが、良い童話である。

今なぜ「ファンタジー」か？

日本ではファンタジーではなく、マンガかアニメになる。本質的には両者は同じようなものであろう。宮崎駿の作品がそうである。「千と千尋の神隠し」は三百億円を超える興行収入だったと報道された。最近でもどこかの映画館でやっているはずだが、立ち見だったという話を聞いた。思わず考えてしまうのは、どうしていまこれほどファンタジーが売れるのかということである。そんなものを読むのは、退嬰的な気分のときだと最初に書いたが、正気のときにはそう思えるから仕方がない。

現代は夢のない時代である。それなら思い切って、別な世界に浸かってしまいたい。多くの人がそう思うのであろうか。情報化が行き届けば、世界に珍しいことはなくなる。すべてが日常化するからである。そこに非日常を提供してくれるのが、人の脳が紡ぎだす物語である。ただし現代社会そのものも、脳が紡ぎだす世界であることに変わりはない。すべてのものが人工化するからである。それがいわゆる現実であるとすれば、それとファンタジーが相伴って、さらに脳化が進んでいるというしかあるまい。脳の紡ぎだす世界から出ようとして、脳が別様に紡ぎだす世界に入ろうとするからである。

それに対抗するのは、人間の持つもののなかでは、ただ身体のみである。身体は自然だからである。学徒出陣の歌に「五尺の生命《いのち》、ひっさげて」という句があったと思う。そんなことをいっても、いまでは五尺とはなにか、それが若者にはわからないであろう。これを一メートル五十センチと表現したのでは歌にはならない。頭のなかに住まないで身体に住め。そんなことをいっても通じるはずもない。四月になって新入生への講義がはじまった。これも一面では気が重い。講義をしてこういう傾向がどうにかなるというものでもないからである。講義だって脳の紡ぎだす物語であることに変わりはない。

もう正気には戻れない

だから当の本人はなにをしているかというなら、ゴミみたいな虫の頭の大きさを測っている。それでなにがどうなるというものでもない。虫の頭は所詮は虫の頭でしかない。それでもものを測るというのは、面白い行為である。なんとなくそれ自体が儀式化する。モノサシがいつまでたっても、どこの国にでも存在するのは、そのためかもしれない。最近はテレビ・カメラが顕微鏡になる。デジカメの性能のいいヤツと思えばいい。これに虫を映し出して、画面の上で各部の長さを測定できる。

あるていど測ったら、それをグラフにする。こういう作業は、いまではすべてパソコンがやってくれる。厳密にやるのは大変だが、あるていどでいいというなら、ふつうのパソコンで充分に間に合う。こういう作業をやりながら、ふと思う。実物を測るという行為はファンタジーとは無縁に思える。しかし、じつはよく似ているのではないか。作業自体は機械的だから、慣れてしまえば、作業のあいだには、あることないこと、さまざまな妄想をたくましくする。それが虫に関係したことであってもいいし、無関係でもいい。それならファンタジーとどこが違うか。荒唐無稽なことを考えていても、作業自体は地についたものに思える。それがかえって麻薬的な作用をする。科学的、実際的と思っている分だけ麻薬作用が強化される。ファンタジーを読んでいるときほど、正気に戻ったときに反省しないからである。

ニュートンの書いたもののなかに、いまだに公表されていない原稿がかなりある。その主題は錬金術だという。ケインズがそう書いていたと思う。ニュートンにも、ファンタジーの世界があった。その世界と、いま流行のファンタジーの世界と、どれだけの違いがあるか。どうも人間というのは、どこに置かれようと、それなりの夢を見るものらしい。いまさら正気に戻ろうとしても、ムダなことかもしれないのである。

（2002年4月）

＊1　「竜王伝説」（ハヤカワ文庫）　ロバート・ジョーダン　Robert Jordan
『ホイール・オブ・タイム　竜王伝説　時の車輪』上
『ホイール・オブ・タイム　竜王伝説　時の車輪』中
『ホイール・オブ・タイム　竜王伝説　時の車輪』下

＊2　「ネシャン・サーガ」（あすなろ書房）　ラルフ・イーザウ　Ralf Isau
『ヨナタンと伝説の杖』第一部　『第七代裁き司の謎』第二部　『裁き司最後の戦い』第三部

＊3　「ライラの冒険」（新潮文庫）　フィリップ・プルマン　Philip Pullman
『黄金の羅針盤』上下
『神秘の短剣』上下
『琥珀の望遠鏡』上下

＊4　「指輪物語」（評論社文庫）　J.R.R. トールキン　J.R.R. Tolkien
『旅の仲間』上下
『二つの塔』上下
『王の帰還』上下

＊5　『はてしない物語』（岩波少年文庫）　ミヒャエル・エンデ　Michael Ende

＊6　『モモ』（岩波少年文庫）　ミヒャエル・エンデ

＊7　『ファービアン』（ちくま文庫）　エーリッヒ・ケストナー　Erich Kästner

＊8　『ほんとうの空色』（岩波少年文庫）　ベラ・バラージュ　Béla Balázs

ファンタジーへの現実逃避

暖かくなると、なぜか疲れる。歳をとったせいではないか。もっと暑くなると、ついに倒れる。真夏になると、家内はたいてい一週間、倒れている。疲れると、面倒な書物は読みたくない。読書も現実逃避型になる。それでファンタジーを読みはじめることになる。

「ハリー・ポッター」というバカみたいな本のおかげで、ファンタジーがどんどん出版される。

話は単純だが、とにかく長い。それがファンタジーの特徴である。まとめて買ってきて、寝転がって読む。そのうち肘《ひじ》が痛くなるから、姿勢を変える。そのときに本が大きいと、仰向けで読むわけにはいかない。だから文庫本かペイパーバックが中心になる。

物語は長いほうがいい

ファンタジーは長ければ長いほどいい。第一に長い話なら、主人公以下、名前をあらためて覚える必要がない。外国人の名前は、もともと覚えにくい。若い時だって、アガサ・クリスティーを読むのには苦労した。はじめの数頁で人名を覚えないと、あとでなにがなにやら、話が行方不明になる。ファンタジーなら、ふつうその心配はない。なにしろ話が長丁場だから、著者も書き出しにそうは凝らない。近頃書き出しに凝る小説が増えて、読みにくい。最初の二頁だけが、殺人犯の心理描写だったりする。著者はしゃれたつもりかもしれないが、じつはそんなもの、読者にしてみれば不要である。文学講座で余計なことを教えているのではないかと疑う。

第二に、ファンタジーはどこだかわからず、いつだかわからない世界である。それなら地名を覚えなくてはならない。たいてい巻頭にその世界地図が載っている。この歳になると、その地図を何度も見なければ、話がどこに飛んだか、空間的な所在が不明になる。せっかく努力して、世界地図を覚えたのに、話が終わってしまうと、その努力がムダになる。どうせ世界地図を覚えた以上は、話が長いほうがいい。

ロバート・ジョーダンの「時の車輪」シリーズは、翻訳が終わっていない。ペイパーバックではすでに九部まで持っているが、翻訳はまだ六部の初めまでである。いまはこれを読んでいるから、暇がない。こんなむやみに長いものを書きやがって。そう思うが、読み始めた以上は仕方がない。それでもときどき、他の本を読む。「時の車輪」が主食で、あとはおかずみたいなものである。

スティーヴン・キング創作秘話

スティーヴン・キングのペイパーバックは、『ドリーム・キャッチャー』[*1]。異星人の侵略ものを、仲良しの子ども集団の心理とかみ合わせた、『イット』[*2]の簡略版のような作品である。キング特有のこれでもかという怖さがない。「あとがき」を読むと、事情がわかる。これを書いたとき、キングの体調がひどく悪かったらしい。それはこの作品に登場する、体内への寄生生物の形で表されている。キングの考えた原題は「ガン」だったが、タビサ夫人に、それはダメだといわれたという。たしかに読んでいて病気の話、ガンの話だと思った。「あとがき」でそれを確認したことになる。キングはこれを万年筆で手書きで書いたという。これ以後の作品を読んでいないが、ひょっとすると、今後は作風が変わっていく可能性がある。それはそれで楽しみである。

ところでキングはガンなのだろうか。自分でそう思っただけか。進化学の分野では、科学エッセイの名手だった、スティーヴン・グールドが死んだ。グールドは長らくガンを持っていて、それで亡くなったのであろう。私よりも若いはずで、残念である。グールドの書くものも、近年はやや生彩を欠いていたように思う。いちばん影響するのは、体調ではないだろうか。

ピーター・ストラウブは『ミスターX』[*3]（創元推理文庫）。自分の影が出現するホラーはさまざまである。キングにもある。しかしこの作品は構成が凝っていて、なかなか読ませる。伏線になっているのは、自分の誕生日になにか事件が起こるという、主人公の生い立ちである。この人の幽霊話も、同じように面白い。ホラーはやっぱり徹底的にホラーでないと、味が薄まる。今回はキングとストラウブという、恐怖の代表二人だったが、それにしては怖くなかったという結論。

「時の車輪」の魅力

このところファンタジーをまとめて読んだから、いまとなってはどれがどれやら、わからなくなってしまった。**エリザベス・ヘイドン『ラプソディ』**[*4]、**テリー・グッドカインド『魔道士の掟』**[*5]、いずれもハヤカワ文庫である。「真面目な」ファンタジーで、どちらもまだ全部は翻訳されていない。文庫に限らず、ハリー・ポッターのせいか、まだいくつかファンタジーが出版されている。しかし中身は似たようなものであろう。私は昔から好きだから喜んで読むが、完結していない作品が多いのが残念である。あとで続きを読むといっても、前のことを忘れる年齢だから、全巻そろえば、どうせはじめから読み返すことになる。**アダムスの『ウォーターシップダウンの兎たち』**[*6]**や『シャーディック』**[*7]は古典だと思うが、ファンタジーばやりのこういう機会に、宣伝してみたらどうか。

「時の車輪」はとうとうペイパーバックで読み出してしまった。翻訳を待っていると、当方の寿命が来てしまいそうである。この人は文章がやや特異で、訳者はそれを独白調で訳している。主語は三人称だが、たしかに中身は独白なのである。話が長くなる理由の一つは、これであろう。登場人物がそれぞれ意見と感想を述べるわけで、そうでもしなければ、分厚いペイパーバックが十冊になろうかという本が書けるはずがない。

世界の端にあるような片田舎の、三人の若者から話がはじまる。その村に貴婦人が騎士を連れてやってくる。同時に村は、闇からの敵に襲われる。貴婦人はなにかを知っているらしいが、とりあえずなにが起こっているか、それは不明である。詳細な事情は、物語の進行とともに、しだいに明かされていく。三人の若者は、貴婦人と騎士に連れ出されて、旅に出ざるを得ない。

さらに主人公アル＝ソアの恋人と、村の賢女もまた、同行することになる。闇からの敵に襲われているのは、じつは主人公アル＝ソアなのである。

襲撃がなぜ生じたか。それを知るには、この世界の歴史を知らなければならない。この世界では、歴史とは運命のより糸が合わさった織物みたいなものである。それぞれの人生は、歴史という織物を紡ぐ糸である。その他大勢はどうでもいいらしいが、なかに選ばれた人々があって、彼らは歴史の織り人、つまり織物の要を占める人たちである。その人たちがどう行動するかによって、歴史が変わってしまう。そうしたことが、しだいにわかってくる。三人の若者たちは、歴史の織り人なのである。

ファンタジー＝おとぎ話

主人公はかつてこの世界のはじまりに存在した竜王の再来である。この世界の始まりに創造主と闇王の争いがある。創造主の意図を受けた竜王は闇王と戦い、闇王を幽閉する。しかし自分は闇王がかけた呪いによって狂気に陥り、世界を大きく破壊して死ぬ。物語はその三千年後からはじまる。この世界には予言があって、竜王はやがて再来するという。再来した竜王がなにをするか、それは一部予言されているが、主人公はその予言を次々に満たしていく。

闇王を閉じ込めた封印はしだいに破られ、闇王とともに封じられていた闇の超能力者たちが世界に現われる。主人公は彼らとまず戦わなければならない。超能力の源は絶対力と呼ばれている。絶対力の源は二つあり、一つは女性源で、もう一つは男性源である。絶対力を操ることができる人々は限られている。ただ闇王の呪いによって、男性源は汚染されている。したがって絶対力を使う能力がある男たちは、いずれは狂気に陥る。

絶対力を操る女性たちは、白い塔に集まっている。そこで教育と訓練を受ける。こうした女性はアエズ・セダーイと呼ばれる。何種類かのアエズ・セダーイがあって、色で区別されている。かれらは赤アジャとか、青アジャとか呼ばれる。不祥事を起こしたアジャは、絶対力を使えなくなる処置を受ける。男たちも同様である。放っておけば狂気に陥るというのだから、仕方がないといえば、仕方がない。主人公のアル＝ソアは絶対力を使う男だが、とりあえず別格である。しかし当人も周囲も、いつ気が狂うかを監視していなければならない。

というわけで、話はゆっくりと進行する。闇王と戦う前に、闇の使徒たちとまず戦い、全界を支配する必要がある。私が読んでいるのは、そのあたりである。その先がどうなるか、そんなことを訊かれても、先を読んでないからわからない。

あらすじを紹介しながら、バカな話を紹介していると自分でも思う。筋書きだけにすると、あらゆるもっともらしい描写が消えてしまう。おかげで話がバカみたいになる。ファンタジーとは、要するにおとぎ話である。おとぎ話を筋書きだけにしたら、バカみたいな話になるに決まっている。

世の中の「子ども化」

これを書いている時期は、日本中がサッカーで沸いている。大の男がボールを蹴っているだけの話じゃないかといえば、サッカーだってずいぶんバカな話である。それでも大勢の人がサッカーに夢中になる。そう思えば、おとぎの世界もそう捨てたものではあるまい。そういう話を読む間に、当の本人が現実世界でなにをしているかといえば、虫捕りに出かけて、捕ってきた虫を標本にしている。ここまで来ると、もはやどうしようもあるまい。おとぎ話も虫捕りも、要するに子どものすることである。サッカーも、いくらか歳が過ぎているとはいえ、若者のものである。それなら子どもに返っているだけのことであろう。私は還暦を過ぎているから、子どもに返る権利がある。

もちろんその私も、年齢相応に、ときどきは立派なこと、もっともらしいことを、書いたり、言ったりしなければならない。大学の講義とか、どこやらの講演会とか、真面目な原稿とか、偉い人との対談とか、そういう機会はいろいろある。そのときに私が述べる立派なことが、どの程度アテになるかは、私がやっていることを見れば一目瞭然である。子どものすることしかやってないのだから、どうせロクな話をしているはずがない。それでどうして世の中が通るのかといえば、サッカーに見るように、おそらく世の中も「子ども化」しているのであろう。その子ども化した世の中で、本当の子どもたちは、どうしているのであろうか。たぶん今日もまた、テレビ・ゲームに励んでいるに違いない。

（2002年6月）

＊1　『ドリームキャッチャー』（新潮文庫）　スティーヴン・キング　Stephen King
＊2　『IT』（文春文庫）　スティーヴン・キング
＊3　『ミスターX』（創元推理文庫）　ピーター・ストラウブ　Peter Straub
＊4　「ラプソディ」三部作（ハヤカワ文庫）　エリザベス・ヘイドン　Elizabeth Haydon
『ラプソディ』

『プロフェシイ』

『デスティニイ』

＊５　「真実の剣」（ハヤカワ文庫）　テリー・グッドカインド　Terry Goodkind

『魔道士の掟』第一部　全五巻

『魔石の伝説』第二部　全七巻

『魔都の聖戦』第三部　全四巻

『魔界の神殿』第四部　全五巻

『魔道士の魂』第五部　全五巻

『魔教の黙示』第六部　全五巻　以下続刊

＊６　『ウォーターシップ・ダウンのうさぎたち』（評論社文庫）　リチャード・アダムズ　Richard Adams

＊７　『シャーディック』（評論社）　リチャード・アダムズ

世界は芝居であふれている

かなり以前に、隔月連載にしてもらったという記憶がある。ところがそれがほとんど毎月じゃないかという気がするようになった。以前の一月が、いまでは半月になったわけである。これは歳をとった証拠であろう。老いの年月はまたたく間に過ぎていく。五年前の一ヶ月は、いまでは半月に感じられるのである。これなら死ぬまで、ほとんど時間は残されていまい。推理小説なんか、読んでいる暇はないんじゃないか。

記憶がない！

読んだ本を記録しようと思って、読書メモを書き始めた。読んだ中身をすぐに忘れるからである。しかしもちろん、記録すること自体を忘れるようになった。そもそも読書の記録を、どのパソコンの、どこに入れたか、それを思い出さない。ようやく探し出して、読んでみると、メモはあるのだが、話自体を思い出さない。メモではだめなのである。それならというので、本を探そうと思うと、それも見つからない。メモをとって安心したので、ブックオフに出したのかもしれない。それならそっちも記録をとっておかないとならない。その記録がどこにあるのか、やがてわからなくなるであろう。つまり記録とは、所詮ムダなものなのである。

ということなんか、若いときからわかっていた。だから記録をとらない。その代わり、関心の強いことに対する自分の記憶には、ある程度の自信があった。じつはそれも、もはやダメである。昨年、ロシアの博物館から、日本産のゾウムシの古い標本を借りた。春にそれを返却した。一八五四年にその標本を使って名前がつけられている。これをタイプ標本という。このタイプ標本が何匹あったか、まだ返して半年ほどなのに、思い出せない。六匹だったか、七匹だったか、それがもうわからない。そんなことは、若いときなら、忘れるはずがないのである。目が覚えているから、記憶のなかに「見える」標本の数を数えればいい。その光景が半年でボケてしまっている。間違いなく脳がダメになってきているのである。こんな病歴みたいな感想を書いても仕方がない。それはわかっているが、本人にとっては、じつに嘆かわしいことなのである。

トレヴァニアン2作

わずかに覚えている本といえば、まずはご存知**トレヴァニアン**の**『ワイオミングの惨劇』**[*1]。今回は西部劇仕立てである。銀山と鉄道駅の中間にある、「二十マイル」という死にかけた山間の町が舞台になっている。主人公は脱獄した無法者三人に対して、たまたまやってきた若い風来坊。トレヴァニアンはたいへん上手な語り手だから、これだけの設定があれば、もうあとは安心して読める。風来坊の育ちが、彼の行動を説明するための伏線になっている。

マイル数を地名にする。英米系の人たちはこれをやるらしい。マレー半島の避暑地、キャメロン・ハイランドに行くと、十三マイルなどという地名が残っている。その癖がアメリカにも出たのであろう。当然マイルを数える起点があるわけで、それがどこかわからなくなっても、地名自体は残るのである。キャメロン・ハイランドは、キャメロンが発見してから行方不明になり、数十年後に探検隊に再発見されたという土地である。虫捕りでは有名なところで、いまでもイギリス人の家族が経営するお茶の農園がある。

トレヴァニアンの『**シブミ**』[*2]は、多くの人が知っているであろう。最初に読んだときには、たいへん感激した覚えがある。だから姪に渡して、読んでごらんといった。以来、読み直してない。もう二十年ほども前のことである。いま読んだら、面白いと思うか、アホらしいと思うか、わからない。自分の変化を知るためにも、読んでみようかと思ったりする。中身を覚えているかというと、まったく覚えていない。徹底的に覚えていないのである。

勝手に削るな

記憶力の調査のために、出たばかりの**スティーヴン・キング**『**ザ・スタンド**』[*3]

の文庫版（文春文庫）を買いこんだ。これもずいぶん前にペイパーバックで読み、さらに一度読み直して、この十年ほどは読んだ記憶がない。筋はほとんど忘れてしまった。書き出しはまさにガソリン・スタンドで、そこが印象的だったから、ある程度は覚えている。ところが今度の文庫版を読み始めたら、その書き出しが違う。これまでに二度も読んだのだから、さすがに書き出しは覚えている。そこで今度の版をよく見たら、「完全無削除版」となっていた。私が読んだのは、最初に出版された削除版だったのである。編集者というのは、余計なことをするものである。『ザ・スタンド』みたいに面白い話を、なんで削ろうとするのだろうか。仕事だと思うと、なにかしなくちゃ、と思うのかもしれない。それを余計なお世話という。キングの作品を削ったって、どうしようもない。それがわからないのだろうか。短編を書こうと思うと中篇になり、中篇を書こうとすると、長編になってしまう。そういう人なのである。読むほうだって、キングの作品なら、長いほうがいい。

この作品はキングの最高傑作だという人もあるという。どれが最高か、そんなことはどうでもいいが、ともかく読ませる本である。話が上手だというしかない。アメリカ人は世界中でいちばん宗教的な国民かもしれない。その宗教的な感覚がどういうものか、この作品によく出ているような気がする。神様がなにを考えているのか、そんなことは人間にはわからない。でもともかくこの世には善悪があって、それぞれに代表者がいる。この辺がなんとも素朴である。善につく者も、悪に従う者もいる。どちらもある意味では程度の差に過ぎない。ともかく悪の権化が存在して、それがホラーと結びついている。悪のほうは人間ではないが、善のほうは人間である。この辺りの非対称性が面白い。悪を人間にしてしまうと、ホラーにならないのであろう。読み始めたら、どうしても最後まで読むというタイプの本である。ただし全巻五冊だから、文庫本とはいえ、かなり長い。でも削除しないほうがいい。他人の楽しみを勝手に削るんじゃない。そういいたい。

「感性」を試す本

次はリチャード・ノース・パタースンの『ダーク・レディ』[*4]（新潮文庫）。中西部の町の警察が舞台で、女性検察官が主人公である。町を裏から牛耳るマフィアがいて、あとの筋書きはいつものとおり。そういうふうにメモを取ったのだが、やはり中身を忘れた。この程度のメモでは、筋を思い出さなくなってしまったのである。パタースンだから、そんなつまらない話ではないと思うが、でも思い出せない。ここまで記憶がダメになったのだから、もう本の紹介はやめようなどと思う。

ヘニング・マンケルの『白い雌ライオン』[*5]（創元推理文庫）。ネルソン・マンデラの暗殺計画を背景にして、スウェーデンでの殺人事件が描かれる。この人の作品では、『リガの犬たち』[*6]を最初に読んだ。似たような設定だが、今度はロシアではなく、アフリカが背景になっている。個人的には『リガの犬たち』のほうが、作者のよく知っている舞台だから、成功しているのではないかと思ったりする。でも先に読んだ作品のほうがどうしても印象が深くなるということがあるから、評価についてはそこを割り引く必要があろう。主人公は独り者で、フロスト警部が真面目になったような感じがする。急にフロストが読みたくなった。

いずれにせよトレヴァニアン、パタースン、マンケルは、水準以上の作家たちである。この人たちの作品があれば、すぐに私は読んでしまう。こういう作家が面白くなくなってくるとすれば、こちらの感性が鈍ってきたのであろう。本をつまらないと思うのは簡単だが、自分がボケたのかも知れないと思うのは、本当はむずかしいのである。ボケの証拠を数え上げているのが、じつはボケたほうの頭なんだから、そもそもアテにはならない。自分のボケを考えるのは、どこか根本的におかしい。自己言及の矛盾の典型であろう。

死と隣り合わせの世界で

まだまだ読んだという気がするが、おおかたは真面目な本である。『チェチェン　やめられない戦争』[*7]（ＮＨＫ出版）は、途中でやめてしまった。ひどい話で、読みきれなくなったのである。著者アンナ・ポリトコフスカヤは「よく生きている」といわれているらしい。あんなことを書いたら、消されて当然ということであろう。紅茶を飲んで意識不明になって、また回復して、プーチンの悪口をいっている。そんな噂があった。むろん毒殺未遂ということである。欧米社会は、日本人のようなナイーヴな人たちには読みきれないいんじゃないかと、疑うときがある。この著者が生きているという話もそれに近いいんじゃないかと疑ったりする。

どういうことか。アウシュヴィッツを生き延びたヴィクトール・フランクルのことをよく思う。あれは本当に「運よく」生き延びたのか。彼だけは生かしておこうという、人々の意志があったのではないか。彼が書いていることをよく読むと、生き延びたのは偶然ではないという気がしてくるのである。非常にクリティカルな場面で、いわば思わぬ救いの手が差し伸べられる。それを偶然と思うか、誰かの意志と思うかなのである。フランクルはそれを偶然として描くが、私はそれを疑う。だからフランクルは、収容所長を決して悪人として描かない。カポー、つまり囚人から選ばれた囚人の監督も、フランクルだけは殺さないように命じられていると仮定すると、理解できる場面がある。ナチという世間面をしていたって、人間なんだから、ユダヤ人を徹底的に撲滅しようなどと思っているとは限らない。「あいつは別」と思ったかもしれないのである。

西洋人の「芝居」

こういうことは、公にはできない。いわば腹芸としてしか、実行できないのである。そういう意味での西洋人の芝居は、日本人よりはるかに上手である。「腹を割って話す」なんてことがない世界では、腹芸は互いに演ずる暗黙の芝居となる。それならフランクルも収容所長もカポーも、暗黙の共犯者なのである。あれだけひどい状況で、せめて最良の者だけでも、なんとか救えないか。それを公にできるはずがないとすれば、偶然を人が演出するしかないではないか。それを偶然だと人が信じるか否かは、舞台の設定しだいなのである。街の中央にあれだけ大きな劇場を置く西洋人が、芝居が得意でないはずがない。芝居を下等なものとしてきた日本人の及ぶところではない。

9・11（米国同時多発テロ）をそうした芝居として見る本も出版されている。これも芝居だと思えば、興味深い芝居である。とりあえずの役者はアラブのテロリストということになっているが、どこまで本当か、疑えば疑えないことはない。飛行機は自動操縦ではなかったかといわれるが、じつは私は自動操縦だと思って、テレビを見ていたのである。まもなくハイジャックだと聞いて、びっくりした記憶がある。素人があんな曲芸ができるのかしら、と思う。しかも実地訓練はしていないのに、四機のうち、三機が目的をほぼ達成している。飛行機の操縦って、それほど簡単なものだろうか。

ビルが完全に分解したのも不思議だった。専門家はそういうビルの建て方なんだというが、私は飛行機のほかに爆弾を使ったと、あの時思った。そういう説もまだあるらしい。いまだにわからないのは、近所のビルが崩壊したと伝えられたことである。モルガン・スタンレーの四十階のビルだと聞いたような気がするが、それはどうしてなんだろう。犠牲者はいなかったのか。そのうちエルロイのような作家が出て、新しい台本を書いてくれるんじゃないかと期待している。私は昭和二十年八月十五日は小学二年生で、以来公の言説なんか、まったく信用しない癖がついているのである。

（２００４年10月）

＊1　『ワイオミングの惨劇』（新潮文庫）　トレヴェニアン　Trevanian
＊2　『シブミ』（ハヤカワ文庫）　トレヴェニアン
＊3　『ザ・スタンド』（文春文庫）　スティーヴン・キング　Stephen King
＊4　『ダーク・レディ』（新潮文庫）　リチャード・ノース・パタースン　Richard North Patterson
＊5　『白い雌ライオン』（創元推理文庫）　ヘニング・マンケル　Henning Mankell
＊6　『リガの犬たち』（創元推理文庫）　ヘニング・マンケル
＊7　『チェチェン　やめられない戦争』（ＮＨＫ出版）　アンナ・ポリトコフスカヤ　Anna Politkovskaia

説明などいらないという説明

推理小説にもいろいろある。『ジョン・ランプリエールの辞書』[*1]（創元推理文庫）は、どういう人が好んで読むのだろうか。この辞書は実在だというが、著者ランプリエールは著名ではない。作者はそれを利用して、ランプリエールを主人公にした長編ロマンを書いた。筋書きだけにしてしまえば、ほとんど荒唐無稽な冒険物語だが、著者を含めて、歴史の詳細が好きな人には受けるのかもしれない。そんなジャンルがあるかどうかはともかく、一種のオタク・ロマンである。

そういう話には雰囲気があって、それが物語としての成否を決める。読者がその雰囲気に釣り込まれなければ、いったいなんの話じゃということになり、途中で本を放り投げる結果に終わる。私の場合は、著者は所詮はオタクなんだからと思って読んだから、最後まで我慢できた。荒俣宏の長編を読んでいる気分というべきであろうか。

推理小説とはまったく無関係だが、堀江敏幸さんの『河岸忘日抄』[*2]（新潮社）を、ランプリエールの後でたまたま読んだ。昨年、世評が高かった作品で、読売文学賞をとっている。そういう作品は意外に読む機会が少ない。偉い人たちが誉めているのだから、私ごときが、いまさら読まなくていいだろうと、つい思ってしまう。とはいえ、もう残り少ない人生に、つまらない（失礼！）翻訳モノを読む暇があるならと思って、読み始めた。ところがというか、当然というべきか、思わず釣り込まれて、一気に読んでしまった。

主人公は仕事を離れて外国に行き、河岸につながれた船をアパート代わりに、しばらく暮らす。それがタイトルの由来である。さした事件は起こらない。それだけのことだが、小説とはそういうものである。この小説の通奏低音として、ある短編小説の筋書きが繰り返し出てくる。船長の息子が、水中になにか巨大な黒いものを見る。それは彼をどこまでも追いかけるサメである。このサメは将来の犠牲者とその関係者にしか見えない。息子は船乗りになることを諦めて暮らすが、あるとき決意して船乗りになることにする。やがて老人となったこの息子は、最後にサメに身をゆだねることにし、小さなボートで漕ぎ出す。サメは海の女王からの贈り物である玉を彼に届けようとしていただけだという。やがて白骨を乗せたボートが岸辺に流れ着く。骨はしっかりと玉を握り締めていた。

説明が求められる時代

いまはなにごとも説明を要求される時代である。でも、人生に説明などありはしない。説明などないという説明を、いったい何度しなければならなかったか。そう思いながら気がついた。若いときは推理小説の本格モノを好んで読んだ。つまりまだものごとには説明があると思っていたのであろう。その説明が上手なほど、よい説明なのである。それがやがて科学の道に進む動機になったらしい。

いまでも科学らしいことをやっている。虫を集めて、あの土地に住むあれと、この土地に住むこれとは、よく似ているが、ここが違うと確認する。じゃあ、なぜ違うことになったのか。地史的な時代に、隔離が起こっていたに違いない。だからどうなのか。こうした説明には際限がないではないか。いまや説明が欲しいから、虫を調べるのではない。虫が自然の象徴だから、調べる。死ぬまでは生きなければならないから生きる。それに似ている。自然を見ていると、それだけで安心する。いうなれば自然はウソをつかない。小細工を弄しない。いくらでも奥があって、とどまるところを知らない。それを追求する幸福はやらなければわからないかもしれない。

人と人の間で生きる

なにはともあれ、人は生きなければならない。しかし生きているとは、人間に交わることである。人間とは、ジンカンと音読みし、世間を意味する中国語である。『河岸忘日抄』の主人公は、世間と微妙な距離をとろうとする。外国でしばらく一人暮らしをする。それは人との距離を適切に保とうとするときに、自己を維持するために必要な操作である。説明をすれば、そうなる。

世間との距離を消して、その真ん中に顔を出す。それがホリエモンになり、村上ファンドになる。それを捕まえるほうも、世間の真ん中にいる。そんなものにどれだけの意味があるのか、私にはわからない。金を使う権利が、どこに、どう移動するか。私はそれにまったく興味がない。たまたま私のところに移動してきた権利を、たまたま必要があれば利用する。それだけのことである。金に関しても、虫捕りと同じで、私は狩猟採集民のレベルに留まっている。狩猟採集民は、そのたまたまに人生を賭けている。

たまたまがなかったら、どうなる。野垂れ死にする。それだけのことである。動物はすべてそうしているではないか。『河岸忘日抄』がずいぶん乱暴な話になってしまった。もちろんこの小説は、そんな乱暴な話ではない。私の感想が乱暴なのである。でも乱暴な感想を許す小説とは、頑丈な文学である。それが大切なので、弱い文学は人生の頼りにはならない。そういえば著者は、登場人物の一人に語らせる。トライアスロンでは、水準の高い弱さが必要なのだ、と。

現実は脳が決める

よい文学は、読者のなかに多くの連想を呼び覚ます。最近のよくできた推理小説は、しばしば逆である。読者の関心を吸いつけてしまう。読者はページから目が離せなくなる。エンターテインメントの評価とは、そういうことであろう。読者の想像力から生まれてくるものを、測るモノサシはない。どれだけ読者を吸いつけるか、測るものといえば、それしかないはずである。それがそのままテレビ番組の作り方になる。だから視聴率である。

かつては品がいいとか、品が悪いという言葉があった。いまはほとんど死語になったと思う。品がいいことの一面は、相手の想像力に任せることである。相手の品が悪ければ、品が悪い想像をするであろう。他人は金で動くと確信するのは、自分も金で動くからである。私は人がもっぱら金で動くとは思わない。それを現実を知らないからだと思う人もあろう。だから私は、現実とはその人の脳が決めるものだという。それ以外の定義はありえないではないか。さもなければ、素朴実在論をとるしかない。「外界は自分と無関係にひたすら存在している」。それなら定義により「自分と無関係」なんだから、そもそも考える必要すらない。

テレビ業界の約束事

たまたまテレビのコメントを求められたら、こう言えという。そういうことは、自分はふだんいわない。そう答えても、そう言えという。じゃあ、言えというからそういいます、と台詞を変えたらどうかといったら、さすがに困った顔をした。自分より若い者をいじめてはいけないから、妥協したが、これではよい番組はできない。べつによい番組をつくろうなどと思っていないことは、こうした小さなことでもわかる。視聴者とはこういうもので、それに迎合するにはこうしなければならない。それがテレビ業界の約束事で、そ若い人がそれに反したら、叱られるだけである。上役に叱られるくらいなら、めったに出会うことのない相手に不自然を強制したほうがいい。若い人がそう思うだろうことなんて、年寄りにはわかりきっている。若いうちは、年寄りがわかっているという、そのことがわからない。歳をとったことがないからである。それは人生の経験を尊重していないことである。テレビ業界の人はその道の専門家で、私は素人である。素人の意見をいちいち聞いていたのでは、仕事にならない。そう思うなら、私なんかに意見を聞きに来なければいい。上役を出演させればいい。それだけのことではないか。

誤解は放置する

『河岸忘日抄』は読者の想像力を刺激するから、上質なのである。いちいちすべてを説明するのは、読者を馬鹿にすることである。すべての読者がそう思うわけではないことくらい、これまた年寄りにはわかりきっている。この話は誤解の話と同じである。誤解を解こうと頑張るのは、若者である。私はそんなことはしない。人間は誤解する権利を持っている。まず第一に、理解する力がなかったら、誤解するしかない。誤解したときの問題点は、誤解した人間が損をするということである。年寄りが誤解を正そうとするのは、相手のことを考える親切である。私は不親切だから、誤解を正そうなんて思わない。

山中で道を間違えたら、遭難するのは自分である。道を間違えるのは誤解で、誤解で損をするのは自分に決まっている。それなら誤解は放置するに限る。物事を正しく理解しようとする態度は、誤解して損をするという経験からしか生まれない。だから私は、テレビだろうがなんだろうが、一度くらいは誤解を正そうとする。相手がそれを聞かなければ、それ以上を強制する気はまったくない。それで損をするのは相手であって、私ではない。それなら放置しておくに限る。

文学でもそれは同じである。必要以上に説明を加える必要はない。その塩梅がいいと、読んでいて気持ちがいい。そういう判断は論理ではない。感性である。だからそれを理屈にすると、しばしば意見が食い違う。しかしその食い違いは、じつは論理の食い違いではない。感性の違いだから、論理では解消できない。賞の選考をしていると、それは年中感じることである。その感性を理性でねじ伏せるためには、さまざまなことを統一しなくてはならない。それが文化で、それでもある水準を超えたら、統一は不可能である。それを解決するために、文化によっては、ある程度以上の面倒な感性を表現しない。アメリカの作品はその典型に思われる。だから一面ではわかりやすい。しかし、別な面からいえば、単純で面白くない。

感情が言葉を超える本

ふたたびたまただが、硫黄島で玉砕した栗林忠道中将の伝記『散るぞ悲しき』[*3]（梯久美子著、新潮社）を続けて読んでしまった。この時代の話を、私はほとんど冷静に読むことができない。それがわかっているから、いわゆる書評はできない。著者がなにを書いたとしても、私の感情自体がそれを勝手に超えてしまう。それはどうしようもないことで、つまりは私のほうに客観性がないのである。そこにいまさら客観性をつける必要もない。読んで涙まで流しているのに、それは著者の意図とはおそらくまったく異なっているに違いない。その説明を求められたって、説明する気が私にはない。硫黄島玉砕の客観的な説明なんて、私にはありえないからである。特攻に出ようという人に、なぜ行くのかと尋ねたところで、返事が返るはずがない。たとえ返ってきたとしても、それには意味がない。言葉を超えるとはそのことで、それを言葉にすることができると思うのが現代人である。この言い方を嫌う人があることはわかっている。感情の共有を拒絶しているように聞こえるに違いないからである。でもそれはそれで仕方がない。想像力を刺激するのが上質な作品だと述べた。私にとって、硫黄島にはそれがない。それは作品が悪いのではない。時代が変わったのである。若い世代がどう思うか、私にはそれはわからない。いってみれば、おたがいさまではないか。そう私は思うだけである。

（2006年6月）

＊１　『ジョン・ランプリエールの辞書』（創元推理文庫）　ローレンス・ノーフォーク　Lawrence Norfolk

＊２　『河岸忘日抄』（新潮文庫）　堀江敏幸

＊３　『散るぞ悲しき』（新潮文庫）　梯久美子

たまには文学批評について考えてみよう

　ここに本のことを書き続けて、何年にもなる。その間に昆虫標本の作り方は細かく変えてきたが、文章の書き方は変えてない。文章は自分のための実用品ではないから、変える必然性がない。職人が作り続けている、なにかの飾りみたいなものである。仮にお得意さんがいるとして、飾りのつくりを突然変えると、お得意さんがビックリする。だから文章については、つい保守的になる。

　考え方もそうである。いつも似たような考え方になる。それを簡単に変えることはできないが、変えようと思えば、じつは変えられる。もっとも、若いうちはそんなことは考えない。自分とはこれっきりのものだと信じているから、いつでもその自分を表現したつもりになっている。自分は変わるわけがないと、どこかで思っているらしい。歳をとると、その自分など、どうでもよくなる。どうでもいいのだから、どう変えたっていい。それがわかってくる。具体的に変えられるかどうか、それは別な話である。

「無我の境地」で読書ができるか

現代社会は我を信じる社会である。我があると思っているから、若者は自分に合った仕事を探そうなどと思ってしまう。しかし我なんてじつはない。昔から「無我」というではないか。我の時代に、我なんてどうでもいいといっても、若い世代には敗北宣言としか捉えられないかもしれない。私にそれがいえるのは、自分自身が若いときには、我を張ったと思うからである。私は本来の我が強いほうだと思う。それがいまでは「我なんてどうでもいい」というのだから、まあそう思って聞いてくれ、とでもいうしかない。

無我の境地で本を読むとどうなるか。無我なんだから、公平・客観・中立になるに違いない。批評というものが真に成り立つとすれば、そこではないか。当たり前だが、そんなことを真面目に思っているわけではない。そもそも本当に無我の境地なら、本なんか読まない。読んだとしても、批評なんかしない。そんなこと、どうだっていいからである。じゃあ、批評とはなんなのだ。長年ここで、本のことをブツブツ書いてきたのだから、たまには批評について考えてみよう。要はそう思いついただけのことである。いまは上司でなくても、思いつきでものをいうのである。

小説の「形」を論じる

批評についての昨年の収穫は、加藤典洋『テクストから遠く離れて』[*1]（講談社）『小説の未来』[*2]（朝日新聞社）だった。著者は現代日本文学を本気で読んで、じつは現代日本文学は質が高いと述べる。同感である。もっともまずそう誉めないことには、加藤氏の批評の意味がなくなる可能性がある。その批評を批評する私の立場もない。加藤氏の作品の読み込みがいいことは、批評自体を読んでみればわかる。本当にあれこれよく読んでいるなと感嘆する。文学批評を批評するのは、いわゆるメタ批評だが、そんな表現はどうでもいい。加藤批評の特質は、形を論じることである。私はそう思う。小説の形というのは私の勝手な造語だが、構造も広義の形になる。形に対比されるのは、中身、内容である。

私の仕事は解剖学だった。解剖学は形や構造を扱う。だから畑違いでも、形を扱う人がいると素直に喜ぶ。加藤批評を見ればわかるが、変な図がいくつも入っている。登場人物の相関や対応を示す図だったりする。これはまさしく構造である。さらに三島の『仮面の告白』[*3]が起稿された日時と、自裁の日時が同じだという指摘があったりする。こんなことは、中身をただ読んでいても、絶対に気づかない。これはまさしく作品の「形」の指摘なのである。

こういう批評は、書き手にとってはどうか。作家にもよるだろうが、好まれないかもしれないという予想はつく。なぜなら文学とは、形や構造ではないと堅く信じられているからである。文学の本来は中身なのである。その中身に理科的な客観性はむろんない。しかしそこに「客観性」を持ち込むとしたら、形あるいは構造を基準にするしかない。ここで話が飛んだと思った人は、それでいいので、暇があればそのうち説明することにする。ともあれ客観批評は、ある種の構造批評にならざるを得ない。それが加藤批評なのである。その加藤自身がテキスト論を批判するから、人によっては天に向かって唾しているように思えるらしい。テキスト論とは、構造主義だと思われているからである。ああ、厄介なことになった。なにも私がこの問題の交通整理を買って出る義理はない。

客観性のない批評

面倒だが、そのあたりをとりあえず私流に説明してみようと思う。私の考える「文学的」批評の典型は、**小林秀雄『本居宣長』**[*4]に対する、福田恆存の書評である。福田はこの本を徹夜で読んだという。読みながら、この本が本当にわかるのは、自分だけだと思ったと書いた。これは一種の特攻書評である。テロ書評といってもいい。客観性もクソもないからである。福田も小林も文科系ではもっとも「理性的」な人物であろう。その福田恆存にして、この書評がある。理科系の私からすると、文学者というのは、根本的には度し難い人種なのである。その点では加藤典洋はまだ近代人である、ないしは近代人に止まっている。「客観的に」文学の形を論じるからである。俺にしかわからない。そんなわからないことはいわない。

安部公房がこぼしていたことがある。文学畑の人たちと付き合っていると疲れる。常識が合わない。そんな話だった。その点、私は医学部の後輩だから、相手にするには気楽だったらしい。理科系からすれば、文学者は主観の塊り、つまり偏見の塊りなのである。なぜなら、文学が成り立つためには「主観性」が必要で、理科とはそれを取り除いたところに成立する作業だからである。その文学を「批評」するなら、どうすればいいのか。主観的に批評すればいいのか、客観的に批評すればいいのか。当たり前みたいだが、そこに文学批評の根本問題がある。

あるとき、村上春樹の小説が問題になった。小説として評価する人と、評価しない人に分かれたのである。評価しなかったのは、作家たちである。もっとも極端な言い分を紹介するなら、村上春樹には「美空ひばりのような土俗性がない」といったのである。このときに私が加藤批評をすでに読んでいたら、別な反論をしたであろうが、これで度肝を抜かれたから、口を閉ざしてしまった。しかしこのことがずっと引っかかっていた。それがこれを書いている動機の一つである。この作家の言い分が変だというのではない。そうでない言い分とはどういうものか、それがすぐには出てこなかったのである。

批評は「おせっかい」？

作家が批評やメタ批評に耳を傾けるかといったら、聞かないに決まっている。それは解剖学という分野でも、私はイヤというほど経験している。「解剖学とはなにか」と解剖学者に問いかけたら、「その問い自体は解剖学じゃない」という答えが返ってくるに決まっている。早い話が哲学だというのである。作家に文学とはなんだと問いかけても、同じであろう。「そんなことを考える暇があったら、俺は小説を書く」。そういうはずである。その小説が書けなくなった老大家なら、小説とはなんだと、論じるかもしれない。だから批評という仕事は、じつは報われない。どうせ作家はそんなものはありがたがらない。他方、読者は小説そのものを読めばいいので、他人の感想なんて余計なおせっかいである。そう思えば、批評家の立つ瀬はない。

テキスト論＝作者不在の思想

加藤氏はテキスト論を批判する。テキスト論といっても、なんのことかわからない。そういう人のために、はなはだ乱暴にいうと、テキスト論とは、テキストつまり文章を読むときに、作者は不在だという思想である。目の前の文章自体をとりあえず読めばいい。それで当たり前じゃないか。そう思った人は、フツーの人である。だって、ケータイのマニュアルを読みながら、作者はなにを考えてるんだなどとは、ふつうは思わない。マニュアルの書き方が悪いときに、はじめてそういう台詞が出てくるのである。

文学の場合には、作者はなにを考えてるんだという疑問は、むしろ日常であろう。小説は作者が書いた作り物で、作り物である以上は、作者のつもりが問題になるではないか。もちろんこれもケータイのマニュアルと同じで、「なにを考えてるんだ、この作家は」という疑問を発すれば、そこに作者が出現する。文学ではそれがふつうだということは、じつは文学は世の常の表現ではない、ということに過ぎない。話の筋が面白ければ、人はそれに釣りこまれてしまう。オレオレ詐欺みたいなもので、そこに釣りこまれてしまえば、作者もクソもない。小説がつまらない、ないし「わけがわからない」から、読者の脳に作者が出現する。それなら作家がそもそも批評を嫌うのは無理もない。

理科系の文章になると、もともと作者は不在である。解剖学の文章を読めばわかる。上腕二頭筋がどこからはじまって、どこに付くか、それを記述したとして、そこに作者の出る幕はない。だって、どこかからはじまって、どこかに終わるので、それはだれが書いても同じはずだからである。書いてあることが変なら、作者の頭を疑う前に、死体に戻ればいい。自分で当該の筋肉を見れば、ひとりでに正解が出てしまう。

テキストはどのように発展したか

そもそもテキストとは、最初はそうしたドキュメントつまり記録だったはずである。私はそもそもの始まりは税金の記録だったという意見である。文字がない社会でも、縄に結び目を作って記録したりしている。これも税金の記録らしい。馬何匹、米何俵というわけである。木簡も税金の記録である。そのうちそれが偉い人の言行録、つまりレコーダーの役目をするようになる。『聖書』『論語』はてはプラトンまで、そうであろう。次にそれが独白の記録になる。早い話が独り言である。いまはほとんどの本が独白である。ただし独白に作者個人が想定されるのは当然だと信じるのは、現代が我の時代だからに過ぎない。たとえば預言者という表現は、神の言葉を預かることに由来する。

なぜテキスト論が生まれたのか

文科系にテキスト論がなぜ出てきたかというなら、構造主義の流れとしてであろう。それなら構造主義はなぜ生じたかというなら、自然科学の思想に対する、文科系の反乱という意味が大きいに違いない。反乱でいけないなら、反省でも対抗でも、コンプレックスでもいい。構造主義といえば、ソシュールから始まって、レヴィ・ストロース、ミシェル・フーコー、デリダ、ラカン、バルト、レヴィナス等々、いろいろ紹介されるから、たいていは名前を覚えるだけで終わってしまう。そんなものを、いちいち読んでいられない。フランスにだって、文科系と理科系の対立はある。エリートはどこの世間でも文科系だが、思想的には自然科学が優位になってきたから、文科系が慌てて考え直したのが構造主義の始まりだと私は思う。構造主義の亜流の末流が最後に騒ぎを起こしたのが、アメリカでのいわゆる「サイエンス・ウォーズ」である。構造主義自体はどうなったかといえば、ポスト構造主義と述べればそれでおしまいである。

テキストに個人の思想が存在するか

整理しようと思ったのに、話はもっと錯綜してしまった。とても一回で終わる話ではない。加藤批評のどこがよくて、あるとすればどこに問題があるか、自分なりに整理しようと思ったのだが、それ以前の話を整理する段階でもう躓《つまず》いてしまった。ともあれまずいいたかったのは、テキストに作者がないのは、自然科学に限らず、ふつうなら当然だということである。それをさらに追究するなら、じつは個人の思想が存在するかという問題になる。別な表現をするなら、個人の心理は存在するかということである。それが存在して当然というのが十九世紀の西欧思想で、それに対する反発がナチの全体主義を生んだのである。

話がほとんど誇大妄想的になった。それでもさらにいうなら、「客観性」には二つあって、一つは内容的つまり論理的なもの、もう一つは形態的、構造的なものなのである。加藤氏はテキストに作者が想定されない例として、数学の論文を挙げる。これは内容的、論理的な客観性が主体になる例である。

しかし加藤氏自体の客観性は後者、つまり構造的なものである。脳から見れば、両者のそれぞれは、じつは聴覚・運動系の論理と、視覚系の論理だと、かつて私は述べたことがある。私のなかではその区別はかなり明瞭だが、こんなことをいう人はほかにいないので、たぶん一般性はないであろう。それならそれを説明しなければならないが、それは次にすることになる。

（2004年12月）

＊1　『テクストから遠く離れて』（講談社文庫）　加藤典洋

＊2　『小説の未来』（講談社文庫）　加藤典洋

＊3　『仮面の告白』（河出書房新社／新潮文庫）　三島由紀夫

＊4　『本居宣長』（新潮文庫）　小林秀雄

客観的な文学批評は可能か？

文学批評は「客観的」であろうか。福田恆存が「この本は俺にしかわからない」という書評を書いたと述べた。「俺にしかわからない」かどうか、それは証明できない。その意味でこの発言は客観的ではない。しかしこれほど強烈に文学的な表現も少ないであろう。その意味で文学はまさに「主観的」である。批評が客観的なものなら、福田の批評は批評ではない。

主観とか客観という表現自体はもう古い。そんな言葉は使わない。いまではそういう人が多い。しかし主客の区別を昔の人はしたので、この言葉を使わないなら使わないで、なぜ使わないかを明瞭にしておく必要があろう。古臭い言葉は多義的だから、混乱を招くだけだという人もあるに違いない。しかし別な新しい表現を使ったところで、別な混乱が生じるだけではないのか。言論界では、たえず新しい表現を導入して、たえず新しい混乱を起こし、おかげで飯を食っている人がいるような気がしないでもない。構造主義、ポスト構造主義にも、ややその疑いがある。

文学に論理はいらない

自然科学は客観的だとされる。その客観には、まったく異なる二種類がある。一つは、いわゆる事実との対応である。当たり前だが、自然科学は事実に即していなければならない。もちろん文学にその必要はない。それは常識的に理解されている。ただし、私はそれに異論があるが、それは別な話になる。もう一つは、数学を基礎とする論理性である。論理の通らない論文を書けば、訂正を要求される。他方、文学に論理はいらない。なぜ古池に蛙が飛び込む必要があるのか、文学は説明責任を負わない。それに対して、自然科学のテキストでは、第一に叙述が事実と対応していなければならないし、第二に推論がなされていれば、そこでは論理が貫徹していなければならない。この二つの基準が要求されるから、科学は「客観性が高い」とされるのである。

二つの客観性

ただし、どちらか一方だけでも、客観性があると認められないわけではない。記録つまりドキュメントは、事実との対応が保証されていれば、客観的だと見なされる。それがＮＨＫのいう公平・客観・中立の「客観」であろう。ただし事実に論理的な筋が通っているかどうか、そんなことはもともと保証がない。あまり気づかれていないと思うが、いわゆる自然科学の世界で、この第一種の客観性のみによって存立しているのが博物学である。博物学にはさしたる論理構築がない（と思われている）。だから科学者によっては、博物学は「科学ではない」という。あるいは「まだ科学に至っていない」という。次に述べる第二種の客観性がないと思われているからであろう。文部省の指導要領には、生物学では枚挙をしてはいけないとある。枚挙をしない博物学は成立しない。つまりいまの生物学教育では、博物学は禁止されているのである。人によってはアホかと思うかもしれない理屈を私が延々と書いている理由は、この世という現実のせいだということが、いくらかはおわかりいただだけるであろうか。主客などという「古い」概念を吟味しなければならないのは、「世の中にはバカが多い」からなのである。

他方、数学も別な意味で客観的である。なぜなら論理はだれが扱っても同じになるからで、ピタゴラスの定理に個人的に反対しても意味がない。証明されてしまえば、だれも反対のしようがないからである。逆に、数学は事実との対応を要求されない。紙の上に直角三角形を描いて、各辺の上に正方形を描き、その面積を測ってみると、厳密にはピタゴラスの定理なんか、成り立たないことがわかる。理想的に正確な三角形など、描けるわけがないし、厳密に面積を測定することなんか、できるわけがないからである。その意味では、第一種の客観性と、第二種の客観性はじつは矛盾するのである。世間の常識は「そんなことは考えない」ことを前提にしている。

それと文学批評となんの関係があるか。むろん批評に客観性があるとしたら、それはどんな客観性か、それを論じたかったからである。右のように考えれば、文学批評の客観性には、自然科学と同じように、二つの面が認められるとわかるであろう。批評はテキストという「書かれた事実」に対応していなければならないし、叙述は論理整合性を持たなければならない。そう思えば、批評と科学は、客観性という意味において、そう異なるわけではない。ところが科学者なら、その結論に猛反対するであろう。文学批評なんて、いい加減なものだ、科学と並べるなんてトンデモない、と。テキスト論はそこから生じたと私は思う。つまり批評も科学ですよということを、だれかがいいたかったのだと、私は思うのである。面倒だが、そこをちょっと説明してみよう。

情報は変わらない

じつはテキストそのものほど「客観的」な存在はない。いったん書かれたテキストは、変更され得ないからである。諸行無常の世の中で、じつはテキストほど確実なものはないのである。鉛筆で書いて消しゴムで消せば、テキストは消える。しかしそれはテキストがいわば物理的に抹消されたので、テキスト自体が消えたわけではない。コピーがたまたまとってあると、たちまちもとのテキストが再現されてしまう。このことはあまりにも当たり前だが、重要である。なぜならこの性質に多くの人は気づかないからである。テキストが変更されないということは、不変だということで、不変性はじつは情報一般の性質である。むしろ不変という性質を持つものを、人間は情報と定義している。私はそう思っている。テレビのニュースならビデオに録ればいいし、会話はテープレコーダーに録音すればいい。いずれもたえず変化するように見えて、じつは不変であることに気づかれるであろう。何回ビデオを再生しても、前とまったく同じ画面しか出てこないからである。

井伏鱒二は『山椒魚』[*1]という作品、つまりテキストを訂正したじゃないか。そうではない。もとのテキストは相変わらず存在していて、「その一部が変更されたテキスト」が新たに生まれただけである。批評家はその両者を読むことができる。情報は不変だから、ただひたすら増えるだけで、減らないのである。井伏がテキストを変更したのは、テキストの客観性に反抗したのであろう。おそらく文学とは、主観そのものだと信じられているからである。主観はその人とともに揺れ動くのである。

作者は批評家にとって迷惑な存在？

テキストは客観的存在だと述べたが、それは右の二つの客観性の、第一の意味においてである。つまりテキストに即するという作業は、テキストが不変である以上、常に「原理的に」可能である。それが批評の客観性をまず保証する。自然はたえず移り変わる。ゆえに自然は文学のテキストのようには「事実としての」安定性を持たない。だから自然科学者は実験室なるものを作り、そのなかに厳密な実験条件を置いて、そこで現象を起こさせる。できるだけ「雑音」を減らすのである。それでも「事実との対応関係」に問題が年中生じてしまうことは、科学者ならじつはだれでも知っていることである。

批評家にはふつうその心配はない。ウソのテキスト、間違ったテキストを読まされる可能性は、原理的にはないからである。もちろん古典にはその心配があるから、文献学が存在する。ともあれ批評では、批評家の「解釈」だけが問題になる。批評家はテキストを「正しく」見さえすればいい。他方、テキストの向こうには作者がいる。テキストは安定しているが、作者は不安定である。作者なんてものは、井伏のように、いつテキストを書き直そうとするか、知れたものではない。テキスト論が作者不在を主張する理由は、そこから明らかであろう。批評家自体は揺れ動く存在として、不変のテキストを読み解く。そこに作者という面倒なものを導入すると、テキスト対批評家と同じレベルの不安定性が、作家とテキストの間にも入り込んでしまう。それではせっかくテキストに保証された批評家の客観性が、いわば「半分になってしまう」ではないか。その文脈では、作家からすれば批評家は勝手なことをほざく人種であり、同様に、批評家からすれば、作家は勝手なことを書く人種なのである。要するにここではテキストが不動点であり、いわば二つの円錐が頭を突き合わせたようになっている。円錐の頂点がテキストに相当し、一方の円錐の底は作者であり、他方の円錐の底は批評家つまり読者である。

聖書は不動のテキストである

テキストが不動点であることは、意識的に議論されないにしても、西欧文明ではおそらく暗黙に認められている。アメリカのプロテスタントを代表するファンダメンタリズムは聖書の記述のみを正しいとする。したがって創造説、すなわちすべての生きものは神によって創造の際に創られたとする主張と、自然科学的な進化論の、双方を公立学校で平等に教えるべきだという意見が、国民の半数を占めるのである。聖書の記述のみが正しいという強い信念は、おそらくテキストが不動点であることと、心理的に結合しているはずである。聖書というテキストは変化しようがないからである。それならそれが永遠に通じる真理だと考えるのは、そこにいささかの宗教心を加味すれば、そう奇妙なことではない。まことに「はじめに言葉ありき」なのである。文字で書かれた聖書のなかに、その言葉を見出すのは、いかにみごとな整合性であろうか。すべてはテキストにはじまり、テキストに終わる。西欧が科学という客観性を見出し、さらにはテキスト批評を見出すのは、不思議ではないと思えるのである。

自然科学が苦労するのは、対象である事実の把握である。報道も同じであろう。なにが事実か、さまざまな方法を駆使して、たえず確認しなければならない。ところがテキストが対象なら、対象の把握にはなんの苦もない。目の前にはテキストという「不変の事実」が転がっているからである。字が読めればいいのである。その意味でテキスト論とは、一種のファンダメンタリズムである。最終的にはそれは信仰であり、信仰を論破することはできない。私は信じないと言い返すしかないものなのである。

文学は一つの脳でできている

もちろん作者と批評家では、まったく異なる点が一つある。それはベクトルの向きである。つまり作家は自分から外へテキストを生み出すが、批評家はそれを自分の内部へ導入する。作家は出力系であり、批評家は入力系なのである。なぜ「系」かというと、私の場合にはいつも脳が頭にあるからである。入出力系として作家と批評家を見れば、文学の世界は要するに一つの脳だとわかる。作家という「筋肉」が出力し、批評家という感覚器がそれを入力するからである。

それが「一つの脳」なら、ある意味で作家と批評家の区別はいらない。合わせて一つと見なせばいい。しかもこの構造はフラクタルであり、作家自身が批評家を兼ねても一向に差し支えない。つまり批評家をいったん通して自分のところへ入力するより、テキストから自分へ直接入力すればいいのである。それが創作と呼ばれる過程の主体を占めているはずである。自分の書いたものを読んでは、それをいじるはずだからである。つまり自分からテキストを出力し、そのテキストを自分に入力する。もっぱらその作業をする作家が、批評家は不要だと主張しても、その意味では当然であろう。

ところが読者のいない作家は、社会的には意味がない。批評家はつまり読者だから、批評家の必要性は社会的に生じる。ここで個人と社会という、もう一つの次元が出現する。その際に、現代社会でいちばん重要な点は、作家であれ批評家つまり読者であれ、それを個人に還元しようとする誤解であろう。それでなにが悪いといわれそうだが、つねに個人の存在を要求する現代の常識、あるいは西欧の常識は、いまの文脈では正しくない。なぜなら客観性は「だれにとっても同じ」であることをも意味するからである。そこでは「複数の個人」が前提とされているのである。ここはさらにあらためて論じなければならない。

（２００５年２月）

＊1　『山椒魚』（新潮文庫）　井伏鱒二

第3章

昆虫と自然

～人間の都合で動かないものがある～

自然を相手にしなくなった日本人

明日からタイに行く。相変わらずの昆虫採集である。もうすぐ出かけるというのに、原稿がいくつか、まだ終わらない。この連載もそうである。準備不十分のまま出かけると、事故に遭うかもしれない。そんなことをいって脅かしても、編集者たちはビクともしない。ひたすら締め切りですというばかりである。年末進行だから締め切りが早くなった。そんなことを言って、催促が厳しい。年末になったのは私のせいじゃない。年末のほうが勝手に来たのである。

つい頭をもたげる職業意識

締め切りとは不思議なもので、無視したところで私は困らない。私は困らないはずなのに、なぜかストレスになる。考えてみれば、ストレスは論理的になるものではない。他人がストレスを感じるかもしれないと思うと、その思いがストレスになるらしい。それを無視して虫捕りに出かけてしまえば、もう原稿は頼まれないかもしれない。そのほうが楽だが、そのときの相手のストレスを考えると、ついまた原稿を書いてしまう。

若い頃に医者の修行を少ししたから、それがいけなかったのかもしれない。どうすれば患者のストレスが減るか、そんなことを考えることが多かったからである。いまは医者をやっているわけではない。そうは思うが、やっぱり職業でついた癖はなかなか治らない。虫捕りは職業ではないから、やっぱり職業意識に負けてしまうのである。

高校生作文の審査

一昨日は文藝春秋の「文の甲子園」の表彰式だった。これは全国の高校生から作文を募集して、三人一組のチームとし、優勝を争うというものである。高校野球を武の甲子園とすれば、こちらは文の甲子園というわけである。この催しの審査員になって、はや十年になる。おかげで毎年、高校生の作文を読む。つまらないときもあるが、内容にびっくりして目が覚めることもある。今年は出題がよかったためか、なかなかの出来で、審査員たちの評判も悪くなかった。

作文の題は、こちらで考えて三題出す。それで三人一組なのである。今回はその一つが「わが家の百年」というものだった。これはなかなか読み応えがあった。もちろん代々続く古いお寺のように、わが家の百年という題が書きやすく、有利になる人もあるから、三題出す意味がある。

表彰式で挨拶をさせられたが、同僚の審査員たちが、いずれも言葉の専門家だということに、はじめて気づいた。作詞家の阿久悠さん、作家の清水義範さん、短歌の俵万智さんである。文の素人は私だけである。素人でも、審査員には理科系が一人くらいは必要だろうという、釣り合い感覚があるのかもしれない。出発当初は丸谷才一、司馬遼太郎という大御所が審査員だった。こういう大先生たちに高校生の作文を読ませたのでは、いささか気の毒という感があった。偉いからというより、年齢が開きすぎて、それこそどこか釣り合いが悪いという感じである。

そんなことをいうなら、お前だって爺《じじい》じゃないか。たしかにそうだが、私は長年学生を相手にしているので、自分であまり爺という気がしない。もちろん年中若者を見ている分だけ、年齢そのものについては、私も多分に意識的である。しかし言動自体は、無意識に学生の影響を受けるから、結局は年甲斐もないことばかりすることになる。そもそも虫捕りが典型ではないか。ふつうなら小学生や中学生がすることである。この前はラオスで、山の斜面から舗装道路へ駆け降りて、みごとに転げた。若いときなら、あの程度の斜面を駆け降りて、平地についたらブレーキをかけて停止するのは、なんでもなかったはずである。ところが体力が落ちた上に、体重がむやみに増えているから、足が体を支えきれなかったのである。

ところでこの作文のなかに、かなり創作が混じっている。もちろん実話という制限はなく、創作でいい。だから応募者のなかから、将来の大推理作家が出ないともかぎらない。ただ創作の場合は、その時代に流行した話題の影響が明らかに認められる。さすがに高校生だから、それほど特異な題材を持ち合わせているわけではない。それなら流行に従って当然である。そうした並みの題材をどう料理するか、その腕をこちらは見ているわけで、それは基本的には、ここで推理小説を論じているのと同じことである。

ジェフリー・ディーヴァーとディック・フランシス

前回、ハードカヴァーをほとんど済ませてしまった。そのあと出たものといえば、再びジェフリー・ディーヴァーで、今度は『コフィン・ダンサー』[*1]（文藝春秋）である。主人公は『ボーン・コレクター』のリンカーン・ライム、例の寝たきり探偵である。ライムが追う相手は、以前からの宿敵、殺し屋のコフィン・ダンサーである。飛行機に爆弾が仕掛けられ、武器の闇売買事件の証人になるはずだったパイロットが殺される。殺されたパイロットの妻とその友人、つまりあと二人証人が残っているが、その二人の生命が危ない。

狙っているのはむろんコフィン・ダンサー。

いくつかのドンデン返しを含めた、複雑な筋書きで、すっかり乗せられてしまう。ディーヴァーは本格物の面白さをよく知っていて、それを上手に利用する。相変わらず犯人との追いかけっこもあって、それで興味をつなぐのもお手のものである。今回は証人を殺すために犯人が肉薄してくるから、ほとんど肉弾戦の趣きがある。もし『ボーン・コレクター』を読んでいなくても、この作品だけで十分に楽しめるはずである。

ほかにないかと思って、崩れそうになっている本の山をかき回していたら、**ディック・フランシス**の『烈風』[*2]（早川書房）が出てきた。二〇〇〇年七月刊行である。競馬と飛行機しか書かない人だから、今回は飛行機である。気象予報士が主人公になっている。気象予報士が台風の目を飛行機で飛ぶところがある。台風の目を飛行機で飛んだらどうかというのは、だれでも思う当然の疑問であろう。自分で飛ぶ気は毛頭ないが、飛んだらどうかは、なんとなく知りたい。それが書いてある。もちろん、フランシスが自分で飛んだかどうかは知らないが、それなりの根拠を持って書いているはずである。フランシスの作品は、そういう描写が参考になって、かならずしも小説としてだけではなく読める。

英米人の自然調査力

フランシスもディーヴァーとは違った意味で、よく調べて書く。今度の作品でも特殊なウシの結核が登場する。さらに軽い放射能障害も扱われる。そのときの描き方が、日本でいう小説家の書き方ではない。つまり文学というより、ルポルタージュや科学記事に近い。フランシスの場合は、作家の個性であろう。しかし一般論として、英米人はものごとを具体的に見る傾向が強い。英国哲学が経験主義であることを考えてもわかるであろう。このあたりがいわゆる文化的なもの、つまり伝統か、言語的なものか、あるいは教育か、すべてが関わっているのか、ときどき考える。

専門の論文自体がそうである。人間ではないモノ、つまり自然に対して、たいへんきちんと調査し、考える。しかもよく考えてあるので、考えの筋道もひとひねりしてあることが多い。とくにイギリスの論文は、アメリカの論文とも違う。ほとんどなにかのひねりが加わっている。イギリスの科学論文がエッセイだとすれば、アメリカの論文は電報である。どちらもしかし、自然という現物に対して忠実である。

日本人の自然に対する態度

ひるがえって日本はどうかというと、どうしても人間関係が中心になる。そもそも人という単語が「人間」と表現される。もともとの中国語なら「人間」は世間の意味である。それが日本社会に入ると、人そのものを指すことばに使われる。「人自体」が「人と人の間」になるというのは、人自体に対して「忠実ではない」のである。

それなら日本人は自然に興味がないかというなら、むしろ逆であろう。アジアの国で西欧の科学を根本的に取り入れることができたのは、明治の日本だけである。これが自然に対する態度と関係していることは、明らかであろう。ここのところに日本文化の面白さがある。ちょうどキリスト教が西欧の自然科学を背後から支えたように、日本における人の概念が、逆に中国と違って、自然に対するある種の忠実さを生み出したらしい。

つまり日本では人と人以外のものを明瞭に区別すると同時に、区別された相手である人以外のもの、つまり自然に、ある種の実在感を置いた。宗教ではそれは自然信仰と呼ばれたり、アニミズムと呼ばれ、文化的あるいは文科的には、「原始的」だとされる。原始的だというのはおそらく誤りで、都市的ではないのである。都市に住めば、人と人の作ったもの以外のものには、つきあわないで済む。その状況が、たとえば中国四千年の歴史というほど長く続けば、自然の実在感が失われる。

自然は人間の都合で動かない

いまの日本は、急速に都市化に進んでいる。それは物的な意味だけではない。ものの考え方が都市の人になりつつある。だから同時に、田舎者ということばも消えつつある。だれもかれもが、都会の人になったのである。それが教育界でいわれる「理科離れ」の根本であろう。自然を相手にするより、人間を相手にしているほうが、楽に儲かる。自然相手の仕事とは、すでに死語になった「３Ｋ」なのである。

フランシスの作品は私の性に合う。それはこの人が、作家には珍しく、自然を相手にするからである。もともと馬とつきあって育ち、戦争中は飛行機に乗っていたというのだから、人間社会にどっぷり浸かっている人とは違う。作品の出来不出来よりも、物の見方が合う。そこがいい。これは作品論とすれば偏見だが、小説は好んで読むものだから、偏見でいいはずである。

自然に対する客観性とは、あたりまえを意味している。自然は人間の都合で動くものではない。それなら自然に対しては、客観的でしかありようがないのである。社会は人の都合で動く。それはつまりもともと主観的である。孔子は「親が死んだら、三年喪に服せ」という。喪に服すかどうか、それは自分の意志で決めることができる。だから孔子はそれをいう。それなら死とはなにかと孔子に尋ねると、「我いまだ生を知らず、いずくんぞ死を知らん」と答える。自然のできごとに、人間が答える筋合いはない。そう答えるのである。これが典型的な都会人である。孔子は台風の目を飛行機で飛ぼうとはいわないであろう。それが人間社会に必要だということが、理解できるまでは、である。理解できたら、専門家に飛んでくれというであろう。

人生には台風の目を飛ぶようなことが、まれに起こり得る。そういうときに孔子の徒は頼りにならない。都会人はあてにできないのである。虫捕りだって、台風の目に入ってしまうことはある。自然のなかの行為だからである。私が虫捕りを続ける理由は、そんなところにあるらしい。偉そうにいえば、治に居て乱を忘れず、なのである。

＊1　『コフィン・ダンサー』上下（文春文庫）　ジェフリー・ディーヴァー　Jeffery Deaver

＊2　『烈風』（ハヤカワ文庫）　ディック・フランシス　Dick Francis

動物の死から「命」を考える

　元旦に猫に死なれた。享年十八。猫の墓掘りが新世紀の初仕事だった。わが家の隣は寺の墓地で、庭を掘ると古い五輪塔の石が出る。その石の一つを猫の墓石にした。翌日になったら、その石が移動していた。老齢の猫だったし、最後はヨレヨレで、死ぬときには人目につかないところに行こうとしたらしいが、途中で力尽きて倒れた。だから墓から出るほどの気力はなかったはずである。なぜ墓石が動いたか、いまだにわからない。もともと人間用の墓石だったから、本来の持ち主が猫嫌いだったのかもしれない。それなら墓石のほうが猫を嫌って逃げたのである。

　わが家の裏山を越えると、駆け込み寺の東慶寺である。隆慶一郎の小説の舞台にもなっている。ここに小林秀雄の墓がある。これは鎌倉時代の五輪塔を利用してある。本人が石屋で気に入ったのを買ったらしい。他人の墓石を使ったこういう先例があるから、猫に使ってみたが、墓石にはそれが気に入らなかったのかもしれない。

墓が動くというのは、考えてみれば、大きな異変の代名詞である。とはいえ猫の墓だから、なにか起こるにしても、たかが猫程度の異変であろう。いまは置き直した石が無事に収まっている。

愛猫の記憶

猫がいないから、妙に元気が出ない。十八年いると、ほとんど備品である。それがないと、生活のリズムが狂う。冬は私の仕事用の椅子に座り込んで、はなはだ邪魔だった。あるときから、しかし、ぱったり私の部屋に来なくなった。寝る場所をときどき変えるのである。最後は一家全員が集まる居間で寝ていた。娘か客がいるときは、その寝床に潜る。枕に頭をのせて、寝床の中央に寝るから、客が遠慮して脇で寝る。近寄ると、両足で相手を押しやろうとする。それがうるさいから、私の寝床には入れなかった。

一度子どもを産んだことがある。ミルクをやると、子どもたちが駆けつける。それを押しのけて、母親の自分がミルクを飲む。どうしようもない現代風の母親だったが、死ぬまでミルクが好きだった。最後はものが食べられなくなって、ミルクをわずかに飲んだ。

最後はほとんど病気で、下の始末も悪くなった。私のいないときは、お手伝いさんが老人介護ですね、参考になりますといいつつ、面倒をみてくれた。頑固な猫で、こちらの思うようには絶対にならない。若い頃からそうだった。なにを望んでいるか、こちらが察して、先回りしなければならない。

子どもは娘の布団のなかで産んだ。仕方がないから、そのそばに段ボールの箱を置いて、中に子どもを入れておいた。数日したら、自分で二階から階下の押入れまで、五匹の子どもをいつの間にか運んでいた。いちおう親の役目は心得ていたらしい。

狩りをする猫

若い頃は、庭のサクラからセミを捕ってきた。得意になってくわえてくるが、雄のセミはギャアギャア鳴くから、うるさくてたまらない。そのうるさいのが自慢だったのであろう。意外によく狩りをする猫だった。はじめは市中に住んでいたから、そこではもっぱらセミとトカゲを捕っていた。それしかいなかったからである。その後、いまの山の中に引っ越した。猫は家につくというから、元の家に帰ってしまわないかと心配したが、引っ越した当日だけ、押入れの布団にいつの間にか潜り込んで、隠れて寝ていた。そこなら臭いが元の家とまったく同じだから、安心できたのであろう。次の日にはもう外に出て、頼みもしないのに、ネズミを捕まえてきた。野生のマウスで、こんな珍しいものを捕ってはいけないと説教した。そのせいか、ネズミ一家が遠くに逃げたか、二度とネズミは捕らなかった。

そのかわり鳥とモグラとヘビを捕るようになった。鳥が好きで、捕まえるとかならず食べてしまう。だから羽しか残らなかった。哺乳類は食べない。

リスもモグラも捕ったが、遊ぶだけである。モグラは丈夫だから、猫に遊ばれてもビクともしない。朝になると、客間をモグラが走り回っていた。

こうして考えていると、いままで飼った猫のことを、しだいに想い出す。裏の寺の屋根に登ったきり、下りられなくなった猫もいた。夜帰ってこないので心配していたら、翌日の朝、お宅の猫じゃないですか、お寺の屋根の上で鳴いてますよ、と知らせてくれた人がいた。下から呼んだら、屋根の上から私の腕に転がり落ちてきた。それでも飼い主はわかっていたらしい。鳩を追いかけて屋根に登ったものの、怖くて下りられなくなったのであろう。そういうところは人間とあまり違わない。

子猫を捨てた日

中学生の頃、子猫を捨ててこいといわれたこともある。数匹生まれたうちの、発育のいちばん悪い、片目が見えない子猫だった。飼うわけにはいかず、あげようにも貰い手がないに決まっている。仕方がないからいつも行く山にと悪戦苦闘して、ともあれ死んだのを見届けて、埋めた。後に解剖学をやるようになって理由がわかった。猫の脳に血液を送っている動脈は、内頸動脈ではない。背骨の中を走っている椎骨動脈だけである。それなら首を締めたって、なかなか死なないのは当然である。

ヒトの脳に血液を送る動脈は、左右の内頸動脈および左右の椎骨動脈という、計四本である。それが脳底で輪を作っている。これをウィリスの動脈輪という。これがあるために四本のうち一本でも動脈が開通していれば、動脈輪に血液が供給されるから、脳への血流がなんとか保たれる。この輪から脳全体へ血液が送られるからである。しかし一本では、ふつうはもちろん血液が不足する。とくに年寄りはとうてい一本ではもたない。

特定の動物を殺した記憶は、いつまでも強く残っている。死なれるのは嫌だが、殺すのも嫌である。そうかといって、実験では動物を多く殺す。これはじつは二人称と三人称の違いである。飼っている動物は二人称である。自分で世話をしていると、殺せなくなる。日本語ではこれを情がうつるという。だから私は実験に野生動物を使うことが多かった。これは赤の他人、つまり三人称だからである。人間だって、知り合いの死の方が、赤の他人の死より堪《こた》える。きわめて親しい人は、結局いつまでも死なない。それをあきらめるために、さまざまな死後の儀式がある。

殺生について考える

助手になりたての頃に、学生実習用にモルモットを飼った。一週間、色素を注射しつづけると、結合組織のなかの貪食《どんしょく》細胞が青く染まる。それを学生に顕微鏡で観察させる。ところが一週間自分で世話していたら、殺せなくなった。だから青いモルモットを死ぬまで飼っていた記憶がある。

私は動物愛護を説いたことはない。それどころか、この歳になっても虫を殺している。中年にさしかかる頃、もう虫を殺すのも、動物を殺すのもやめよう。そう思った時期もある。仏心がついたらしい。ところがその後の世の中を見ていたら、木は切り放題、魚は捕り放題、食物は余って捨てるようになった。地面にはコンクリートを敷き、モグラは住むところもない。そうなったらヤケクソで、私が殺す虫なんて、人間に滅ぼされる虫のほんの一部にもならないと思うようになった。だからいまは元の木阿弥である。

ブータンではカもハエも殺さない。しかしウシもヤクも食べる。人間とはそういうもので、その辺の釣り合いが面白い。現代社会では子どもが残酷な行為をするので話題になっているが、大人のすることを見ていたら当然であろう。樹齢百年の木を平気で切り倒す。それで命の尊さを教えろという。子猫を一匹殺したって、一生覚えている。樹木だって生きものだから、それを切る気持ちは、本当は猫を殺すのと同じに違いない。だから古木を切るときの伝統的な儀式があった。いまではそれも、ほとんど行われなくなってしまった。そういう伝統には意味があったのだが、それをなくしたのも大人である。

お金の使い方

推理小説を読んで、殺しはいけないというのも、妙なものである。じゃあ、なんでそんなものを読むのか。本当に殺すより、ヴァーチュアルに殺す。人間の住む世界はどうせ脳の中、ヴァーチュアルなのだから、最初からヴァーチュアルで済ませておけばいいのである。戦争だって、そうなればいい。戦争ゲームで済ませるようになればいいのである。それを進歩という。

ジョン・グリシャムの近刊は**『テスタメント』**[*1]（新潮社）だが、これは『裏稼業』より後味がいい。グリシャムは結局は真面目な人で、悪い奴を描くのは得意ではないらしい。この作品はアル中の弁護士の回復と、神に身をささげた伝道女の話だが、こういう話題なら上手に書ける。それなら真面目な人に決まっているではないか。

それにしても、アメリカ人の正義感は相変わらずである。こういう小説が売れるのだから、そういうしかない。金を目当てに走り回り、金のためならなんでもやってしまおうという弁護士たち、富豪の相続人たちの馬鹿さ加減、それがさんざんに描かれているということは、グリシャムも真面目な働き者なのである。

大富豪を扱ったアメリカの小説は多い。ハワード・ヒューズやビル・ゲイツのような実例もある。ただわからないのは、その金の使い方である。小説を書くほうは、どうも貧乏人らしく、溜めることか、すでに溜まってしまった状態しか、書いてない。金とは要するにそれを使う権利のことである。それなら金でいちばん大切なのは使い方だが、それが書いてない。小説を書いていたら、お金を使う暇はない。それはこうして原稿を書いている私が、身にしみてわかっていることである。

文庫ミステリー3本

文庫では**スティーヴ・ハミルトン**の『**氷の闇を越えて**』[*2]（ハヤカワ文庫）。アメリカ探偵作家クラブ賞とある。警官上がりの私立探偵が主人公で、かつて自分が逮捕し、しかも相棒が殺され、自分も三発の銃弾を受けることになった、精神障害の犯人が復活して、周囲の人間を殺し始める。ところがその犯人は、まだ刑務所に間違いなくいるはずなのである。密室と同じ趣向で、一種の不可能犯罪が主題である。それが玄人受けしたのであろう。不可能犯罪のジャンルを広げたという意味があるのかもしれない。それなら面白いかというと、まあまあというしかない。こういう話は語り口が大切で、そこがもう一つピンと来ない。アメリカの小さな町の暮らしや、アメリカ人の金持ちに対する感覚が、常識として裏にあると思われる。そのあたりが私にはわからないのである。

ヴァル・マクダーミドの『処刑の方程式』[*3]（集英社文庫）は、典型的なイギリスの寒村を扱っている。そういう村でなければ、起こらない話なのである。その意味では日本の田舎にあっても不思議ではない話なのだが、日本なら似た事件が起こっても、こういう形にはならないはずである。これを日本版で翻案して作ったら、面白いかもしれない。要するに村の全員が結託しているのである。外界とは無関係の村が舞台だという意味では、これも密室の変形である。『氷の闇を越えて』に比べたら、こちらのほうが話にずっと無理がない。その意味では、ごくすなおな推理小説である。むろん慣れた人には底が割れるであろう。そこを上手に通り抜けるのが、作者の芸である。なかなかの芸にはなっていると思う。

ヘニング・マンケル『殺人者の顔』[*4]（創元推理文庫）。スウェーデンの警察小説といえば、マルティン・ベックのシリーズだが、これは別なシリーズである。くたびれた中年の刑事が、日常的な事件を追う。地味な話である。アメリカの話はたいてい派手だが、こちらは年寄りだから、こういう話の方が気持ちが落ち着く。どこが面白いかといわれても、とくに面白いことはない。いってみれば淡々と捜査が続く。人生とはこんなものだという、いってみれば私小説みたいな推理小説なのである。こういうものがよくなったということは、やっぱり歳をとったというしかない。読んでいて疲れない。それがいい。

（2001年2月）

＊1　『テスタメント』上下（新潮文庫）　ジョン・グリシャム　John Grisham

＊2　『氷の闇を越えて〈新版〉』（ハヤカワ文庫）　スティーヴ・ハミルトン　Steve Hamilton

＊3　『処刑の方程式』（集英社文庫）　ヴァル・マクダーミド　Val McDermid

＊4　『殺人者の顔』（創元推理文庫）　ヘニング・マンケル　Henning Mankell

虫を入れる「箱」問題

相変わらずのファンタジーで、とうとう半年になってしまった。ロバート・ジョーダンに責任がある。「時の車輪」シリーズはペイパーバックで九巻まであったから、とうとう全部読んでしまった。読み終わるまで、たいていの読書はお預け状態。

ところが秋が近づいたので、今度は賞の選考がいくつかある。それには候補作品をていねいに読まなければならない。突然真面目な読書が増えてきた。なぜ「時の車輪」シリーズと、石原莞爾やら福沢諭吉やら三島由紀夫やらの話が、一緒にならなけりゃならないのだ。脳がメチャクチャになる。もうなっているという意見もある。

現実とフィクションの天候異変

そのうえ暑い。夏は暑いに決まっているが、この夏は尋常ではない暑さである。これははたして人為的か、自然の変化か。現在の地球温暖化が、炭酸ガスの増加など人為的原因によるかどうか、これには議論がある。人為的であろうがなかろうが、気候が変わってきているのは、おそらく事実である。

天候異変はファンタジーにもちゃんと出てくる。ファンタジー作家も世間の状況に無関心ではないらしい。いつ、どことも知れない世界も、天候異変に見舞われている。

「時の車輪」では、世界は暑くなり、まったく雨が降らない。冬だというのに、雪も降らない。雲がないのに、雷が鳴る。闇王がなにかしているらしいが、よくわからない。この問題を解決すべく、主人公たちは魔法の道具を探しに行く。それで天気が片付けば、結構なことだが、実際の人生はそうはいかない。

第九巻の終わりで、ついに絶対力の男性源の穢れが取り除かれる。悪の巣窟だったシャヨール・グールはブラックホールのような様相になって消えてしまう。といっても、シリーズを読んでない人には、なんのことやら、見当もつくまい。ファンタジーもここまで長くなると、解説自体が長くなって、ダイジェスト版になりそうである。

本は消耗品

一巻が約七百ページに達する大著なので、旅行中にも読んだ。ただしこれだけ厚いと、いくらペイパーバックでも、持ち歩きが面倒である。とくに前巻の終わりの方まで来て、旅行に出る羽目になると困る。旅先で読み終わってしまう可能性が高い。そうなると、後が読みたい。それなら次の巻を持っていけばいい。そうはいかない。本が厚くて、荷物が増える。厚いペイパーバックを二冊も抱えていく余裕はない。どうするか。

当然破く。前巻のまだ読んでいない部分を破いて、これを当然持っていく。それを読み終わると困るので、次の巻の三章分ていどを破き、これも持っていく。その三章を読み終わる心配は、計算上ない。こうして得意になって出かけた。そうしたら、出先のホテルの机の上に、次の巻の方を置き忘れた。チェックアウトを済ませ、一日仕事で外出して、置き忘れたのを思い出して、飛行場に行く前にホテルに戻って尋ねたら、「捨てました」という返事だった。破いた本の欠片だもの、そりゃ捨てるワ。だから私は八巻の初めの三章だけは、まだ読んでないのである。クソッ。

読み終えた本はどうなるか。破いた本なんかどうにもならない。捨てるしかない。だからわが家では多くの本が消耗品である。消耗品にならない本はおおかた真面目な本である。その真面目な本が溜まりに溜まって、二十年前の建築のときに準備した書庫が、とうの昔に満タンになった。そうなると、床の上に本が積み重なる。その状態がしだいにひどくなり、ついに息子の出番になった。私が本を片付けようとすると、あれも惜しい、これもダメというとになる。これが片付けにはいちばんよくない。本人でなければ、その種の愛着は少ない。サッサと片付けられる。それで本が三分の一ほど減った。

ところがその後がいけない。子どもは悪いところだけが親に似るから、本好きである。最近は本を片付けるはずが、日がな一日、本を読みふけっている。おかげで本が片付く速度がガクンと落ちた。次にどうするか。それはまだ決まっていない。

虫につく虫をどう排除するか

もう一つ、本を片付けなければならない巨大な圧力がある。それは虫である。虫の標本というのは、ただひたすら溜まる。以前は甲虫ならなんでも標本にした。こういう無秩序なことをすると、むやみやたらに標本が増える。なにしろ全世界で三千万種あるという人もいるくらいに、甲虫の種は多い。そんなもの、集めはじめたらもうおしまいだというのは、だれだってわかる。そもそも本棚を片付けようと思ったのは、あいた場所に虫の標本箱を割り込ませようと画策したからである。

標本箱は本に似ている。西洋にはブック型の標本箱がある。外観は書物の形で、背に蝶番《ちょうつがい》があって、ページを開こうとすると二つに割れる。両面が標本箱になっている。この型の箱は見た目はいいが、両面の合わせ目が単純である。ここに最大の欠陥がある。なぜなら合わせ目が単純だと、そこから虫が入る。虫につく虫は、もちろんごく小さい虫である。これが入ると、たちまち標本が食われてしまう。外の硬い殻は食べないが、乾燥した中身をきれいに食べる。そうなると、虫がバラバラに分解してしまう。いくら私でも、そのバラバラになった殻を、糊で継ぎ合わせる暇はない。

虫が入らない箱は、ドイツ箱と呼ばれる。蓋と箱の合わせ目が、凹凸になっている。芸が細かいのである。これなら箱に入ろうとする虫は、凹凸という文字の、上の部分を横に通りぬけなくてはならない。この説明はおわかりであろうか。蓋と箱が上下でかみ合うようになっているのである。こういう箱に入れれば、いちおう大丈夫である。それでも「いちおう」なのは、ドイツ箱に収めた標本に、すでに虫がついていれば、箱が虫の侵入を防ぐようにできていても、意味がないからである。中で勝手に虫が増える。

私がふだん使っているのは、インロー型と呼ばれる箱である。桐でできた、ふつうの箱である。これは軽くて取り扱いが易しい。ただし大きさはドイツ箱より小さい。カブトムシやクワガタのように大きな虫を入れるには、やや小さいという難点がある。そのかわり、小さい虫を並べるには都合がいい。あまり大きな箱に、小さい虫を多数並べるのは、むろん具合が悪い。

結局愛用するのはインロー型

両者の欠点を補っているのが、ユニット・ボックスである。適当な大きさの、かなり小さめの箱をいくつも用意して、複数のそういう箱をドイツ箱に収納する。博物館ではたいていこれを使っている。小さいユニット・ボックスを出してくれれば、研究用には十分であることが多いからである。ドイツ箱の蓋の開け閉めは面倒だし、保存用の箱をあまり開け閉めするのは望ましくない。ユニット・ボックス方式は、ときどき標本を取り出して、調べようとする研究者には向いている。

お前はなんでインローを使っているのだ。昔からこれしか使っていないからである。要するに面倒くさいから、ただの箱を使っている。じつは私の集めている虫が、おおかた小さいということもある。カブトムシなんか、ほとんどいない。主体を占めているのは、一センチに満たない虫どもである。そういう虫は、ドイツ箱に入れると、よく見えない。ドイツ箱は蓋はガラスで、見た目はいいが、老眼がガラス越しに数ミリの虫を見たって、要するに虫じゃないか、ということしかわからない。インローは蓋がガラスのものもあるが、それは使わない。だから蓋を開けると、虫がじかに見える。取り出そうとすれば、すぐに取り出せる。

ことほどさように、オタクというのは、つべこべいうのである。もっともいろいろいうわりには、その実どうでもいいことが多い。そもそも読みかけの本をどんどん破くようなやつが、なにかに凝ったところで、たかが知れている。だから調べていない種類の虫は、むしろとりあえずドイツ箱に入っている。それなら虫がつかないだろうという、希望的観測の結果である。

ヒゲボソゾウムシの分類

話は長いが、このインロー箱がほぼ大きな本のサイズなのである。だから本棚に入れると、あんがい収まりがいい。箱の横っ腹に、どんな虫が入っているか、いちおう書き込んでおく。そうでないと、白表紙本と同じで、なにがなにやら、わからなくなる。昔はこの表題が、カブトムシやカミキリムシとか、そういうおおざっぱなもので済んだ。いまはとうていそうはいかない。

現在調べているヒゲボソゾウムシになると、種類別になっている。一種で箱を一つ、占領してしまう。それどころか、十以上の箱を占領する種も多い。そういう箱に種の名前だけを書いたのでは、またわからなくなる。だからそういうものは、もはやほとんど県別、ひどいときには、山別になっている。天城山のなんとか、というわけである。ここまでくれば、ほとんどユニット・ボックスだとわかるであろう。

今年の春は、本がロバート・ジョーダンだけだったせいか、虫もヒゲボソゾウムシだけをとっていた。学問が専門分化して困るというが、私もひたすら専門分化しつつある。ものごとを詳しく調べようとすると、人生が限られている以上、専門分化するしかない。日本のヒゲボソゾウムシだけを調べ終わるのに、たぶん一生かかるはずである。

正体不明の虫が好き

そんなことを調べてどうする。それをいうなら、ロバート・ジョーダンなんか読んで、どうする。そもそも推理小説なんか読んで、どうなるというのだ。小説は面白いじゃないか。虫だって面白い。面白いと思う人が、推理小説より少ないだけである。

ここで虫と推理小説が喧嘩してもはじまらない。ともかくどちらも人間のすることで、人間のすることにさしたる変わりがあるわけがない。以前から預かっている本で、**ナボコフ**の**『ナボコフズバタフライズ』**[1]というのがある。ナボコフは**『ロリータ』**[2]だけを書いたわけではない。チョウを集めていたから、チョウに関する論文が多い。それを集めた本である。いまは流行《はや》らないが、アンドレ・ジイドも叔父さんから虫の標本を貰《もら》った話に触れている。標本を貰ってもさして嬉しくなかったのは、自分はコレクターではなかったからだろうと書いている。むしろ捕まえるのが好きだったのだということである。

私もどちらかというなら、純粋のコレクターではない。知られている虫が欲しいとは、あまり思わないからである。それより訳のわからない虫が好きである。こりゃ、なんだ。そういう虫を捕まえると、たいへん嬉しい。正体不明が好きなのである。珍しい虫を捕まえたと喜ぶ人は多い。珍しい虫とは、ある意味で正体が知れているということである。ともかくその虫だとわかっているからである。ところが多くの虫は、いったいなんという虫か、それが不明である。そういう虫が面白い。なんであるかを調べるのが、楽しみだからである。

虫のグループ分けのむずかしさ

そのうち、日本で知られているこのグループの虫には、どういう種があるか、はっきりわかってくる。それがわかってくると、同じグループなのに、既知の種に当てはまらない虫もわかってくる。それを新種というが、それが面白いというだけではない。既知でない種がどれだけいるか、それぞれの種がどのような生き方のクセを持つか、それがなんとも興味を引く。同じようなグループに属する虫が何種かいるということは、たがいにどこか違った点を持っているということである。そうでなければ、一種類でいいはずだからである。それなら、あっちの種と、こっちの種は、どう生き方が違うのか。そういうことを考え出すと、時間がいくらあっても足りない。だから全部をわかろうなどとは思わない。あっちで捕まえたり、コッチで捕まえたりしているうちに、だんだんほぐれてくるだろうと思っている。だから急がない。どうせ寿命が来るのはわかっているが、それまでずっと楽しめる。それに飽きたら、推理小説を読んでいればいいのである。

（２００２年８月）

＊1　『Nabokov's Butterflies』(Penguin Books Ltd)　ウラジーミル・ナボコフ　Vladimir Nabokov

＊2　『ロリータ』(新潮文庫)

自然現象は「そういうもの」？

忙しくて、ミステリーが休憩状態になってしまった。ランズデールの『ダークライン』[*1]も、買ったまま置いてある。文庫も数冊、溜まったまま。こういうことは、これまでにない。

一つは、毎日新聞の書評を始めたからである。大勢の人が順番に書く。それならさして忙しくなるわけがないが、読む本が増えた。手当たり次第に書評するわけにもいかないから、面白いものを探す。面白いかどうか、それは読んでみなければわからない。だからさまざまなジャンルの本を、つい読んでしまう。初回はミステリーの書評で済ませたが、ミステリーばかりというわけにもいかない。

もう一つ、虫の季節になった。暇があると、山に行く。これは肉体労働だから、本とは縁がない。二宮尊徳ではあるまいし、本を読みながら虫を捕ることはできない。一日、山をほっつき歩いていると、お腹がすく。そこで十分に食べると、今度は眠くなる。寝る前に本を読む時間が減る。

そのうえ相変わらずファンタジーを読む。まだテリー・グッドカインドが残っている。もう読み始めてしまったから、終わりまで読むしかない。食事中とか、電車の中、風呂やトイレで読む。なにしろ長い。七、八百ページのペイパーバックが七冊、まだ三冊目だから、当分トイレは長くなる。

沖縄での虫捕り

昨日まで四日間、沖縄にいた。講演とおつきあい、これで二日つぶれたが、あとの二日は虫捕り。もっともＮＨＫが取材と称して山までついてきたから、虫捕りも仕事のうちといえないこともない。

沖縄で虫を捕るのはむずかしい。なによりハブがいる。これから虫捕りに山にいくというと、いまはハブがいちばん活動する時期ですな、と地元の人たちが教えてくれる。そんなこと教えてもらっても、どうせ山に入ることに変わりはない。意地悪なのか、親切なのか、よくわからない。草むらに入るにしても、本土の山と違って、いきなりずかずか立ち入ることはしない。いちおうあたりを見回す。ハブがいないことを確かめる。

そんなことをしたって、こちらは近眼で老眼である。しかも目は虫には慣れているが、蛇には慣れていない。どうせハブなんか、見えやしないのである。以前ラオスの山奥で、私が虫を捕りながら道の縁を歩いていたら、後から来た連中が、大きな蛇がいると騒ぎ出した。百歩蛇だという。噛まれると、百歩ほど歩いてバッタリ倒れる。だから百歩蛇という。どこにいたのかというなら、私が立ち止まって虫を捕っていた場所である。本人は蛇にまったく気づいていない。

二十代の後半、奄美大島の古仁屋に二月《ふたつき》近く、いたことがある。フィラリアの検診に行った。このときも暇な時間はもっぱら虫捕りだったが、ハブに会ったことはない。気づかずにニアミスをしているに違いないが、知らぬが仏である。地元の爬虫類の専門家に、ハブに噛まれたらどうしますかと訊かれたから、噛まれてから考えますといったら、それで結構ですといわれた。

沖縄に虫が少ない理由

それでもハブのおかげで、行動にいささか遠慮が生じる。おかげで虫が捕りにくい。でもそれだけではない。本土と沖縄では植物相がずいぶん違う。どういう植物に虫が多いのか、いちいち確かめなければならない。こういう木や草には虫がいる、こういう木にはいないということを確認するまでに、いささかの経験が必要である。それを心得ないと、時間と労力がムダになる。私は沖縄での虫捕りは二回目だから、はじめての時よりはマシだが、それでも本土より能率が悪い。

さらに虫が少ない。そんなことはないだろう。南の島だから、虫は多いはずだ。そう思う人もあるかもしれない。沖縄は亜熱帯である。熱帯の虫捕りなら、世界のあちこちで経験がある。沖縄に似た環境はヴェトナム、ラオス、タイである。そういうところと比較したら、沖縄では虫は明らかに少ない。

多分それは島だからであろう。島では維持できる虫の種数が少なくなる。種類数は島の面積の乗数に比例するのである。面積が二倍になれば、種数は四倍になる。だから大陸に比較すれば、似たような環境でも島では種類が減ることになる。虫が少ないところで虫を捕ると、疲れる。これは心理的な問題である。虫捕りの報酬は虫が捕れることである。虫が捕れないと、同じことをしていても、疲れた感じがする。それを徒労という。

ヤンバルテナガコガネの発見

とはいえ、沖縄の虫は本土とはかなり違う。それで疲れがとれるということはある。本土にいる虫と同じだと思って捕まえても、よく調べると、別な種類であることのほうが多い。沖縄の地方色が出ているだけだと思う人もあろうが、そう考えても間違いではない。それが形や色に出る。そうした違いが個体群として一定しているから、分類学者は別種とする。それだけのことである。

もちろん本土とはまったく違う虫もいる。ヤンバルテナガコガネはその典型である。これの仲間は、揚子江の南に広く分布していて、東は台湾から沖縄に達する。西はヴェトナムからタイ、雲南に多く、このあたりが本家であろう。さらにインドに至る。日本では沖縄にしかいない。大きな虫で、沖縄には石鹸箱くらいのカブトムシがいる、という噂が戦前にはあったらしい。ダムの灯火に飛来したのが、見つかっていたのである。ただ標本がなかった。それが再発見されたのは、七十年代末だったと思う。このときは私も驚いた。台湾のテナガコガネはよく知られていたので、まったく新しいものが見つかったというわけではないが、これだけ大きな虫がそれまでほとんど見つかっていなかったというのが驚きだったのである。

この虫は巨木の洞に住んでいる。洞のなかに腐朽した木質が溜まっていて、幼虫はそれを食べて育つ。おそらく菌糸も利用しているのであろう。そういう生活をする虫は、見つかりにくい。あまり外に出ないからである。しかもこうした洞には、ハブがいる可能性があるから、見つからなかったわけである。

大枠の中の小さな発見

虫に島ごとに多少の違いがあるのは、個体群が隔離されるからである。隔離によって、集団の特性が違ってくる。人間でもそうだから、これはわかりやすいであろう。ダーウィンが進化論を思いつくのに決定的な影響を与えたのは、ガラパゴスの動物たちである。ゾウガメの甲羅が、島ごとに区別できる。それを知ったダーウィンは、そういう細かい違いを、いちいち神様が創ったはずはないと思ったのである。沖縄の虫にも同じ事情がある。虫によっては、まさに島ごとに違う。それでも沖縄からダーウィンが出なかったのは、その意味がわからなかったからであろう。

進化論という大枠ができると、島ごとに生きものが違うということの「意味」が理解できる。ダーウィンの場合、事実の「意味」の理解と、大枠の成立が同時だったのである。これが真の発見である。すでに大枠がわかっているときの事実の発見は、発見ではあるが、大きな発見ではない。現在の科学では、ほとんどの業績が大枠のなかである。だからある意味で面白くない。

おかげで研究はただの「仕事」になった。

「そういうものだ」が科学離れを起こす

自然のできごとの意味を問うのが、自然科学の本来である。それを「問わない」のがふつうの人生である。なぜなら、ものごとの意味を問うても、すぐには答えが出ないことが多いからである。この忙しいのに、そんなことを考えている暇はない。どうしてもそういうことになる。

そもそも言葉の世界では、言葉そのものに意味はない。つまり「木」をなぜ「き」と呼ぶか、それを尋ねても解答がない。「か」でも「け」でもいいはずなのである。人間社会はいわば言葉の世界でもあるから、そこでの常識は自然の常識ではない。大学生に「水を入れたコップの中に、インクを一滴たらすと、まもなく消えるが、それはなぜか」と尋ねると、「そういうものだと思ってました」と答える。それでも理科の大学生なのである。たしかに、「そういうもの」だと思っていたほうが、人生は楽である。

自然現象を「そういうもの」だと思うと、科学は生じない。春夏秋冬がなぜ生じるか、「そういうもの」だと思っていれば、考えないで済む。若者が自然現象を「そういうものだ」と思う世界が、科学離れの世界である。

ところが社長に敬語を使うのは「なぜか」、そんなことを追究している暇があったら、仕事をしたほうがいい。朝の挨拶になぜ「お早うございます」というのか、そんなことを考えても意味はない。「そういうもの」だと思ったほうがいいのである。つまり人間世界とは、むしろ「そういうもの」であり、そう思ったほうが適応が早い。だから理科系の人はしばしば社会的適応がよくない。いちいち「なぜか」にこだわるからであろう。

なぜミステリーを読むか。そういうものなんですよ、人間は。こう答えておけば、それで済む。それでは「済まない」人が学者になる。かといって、学者のほうが「偉い」というわけではない。考える相手、対象が違うだけのことである。

ベストセラーの思わぬ影響

忙しい理由がもう一つ、最後に残っている。『バカの壁』という新書を出したら、私の本にしてはバカ売れしてしまった。これまで書いた本と、べつに違ったことを書いたわけではない。インタヴューに答える形で書いたら、売れてしまったのである。世の中は活字離れというが、そのせいかもしれない。同じことを、かっちりした文章で書くと、むずかしいといわれる。いまの人は文章を読むのも面倒くさいのであろう。それが話し言葉になると、わかりやすいような気がするのに違いない。題がいいという見方もある。私自身もそう思う。こういう題にしろと、はじめから決めてきた編集者がいいのである。

ただし本が売れたから、忙しくなった。あれこれ、いろいろな用件が増える。ふつうの用件だけではない。新聞や雑誌でとり上げられるから、さまざまな反響がある。なかでも困るのは、いわゆる電波系の人たちである。ちゃんと病院に行ってくれればいいのに、私のところになんとかかいってくる。脳のことなんか書くから、いつの間にか、私が加害者になっているのである。こちらはそれでも医者の端くれだから、相手の具合が悪いのはわかっている。それなら病院にいくのが筋だが、相手の筋は違う。そこがこういう病気のいちばん困るところである。本人が病気だと思っていないから、病院にはいかない。なんとか行くように、あちこちに連絡して、いろいろな人に動いてもらわなければならない。関係のない人の面倒を私がみることになる。あれやこれやで、変に忙しくなったのである。

（2003年6月）

＊1 『ダークライン』（ハヤカワ文庫） ジョー・R・ランズデール Joe R. Lansdale

エジプト旅行の教訓

読まなければならない本が、死ぬほど溜まってしまった。そもそも本の出版点数が多いということもあるが、賞の選考がいくつかあるので、その候補作も読まなければならない。堅い書物や大部の書物が多いから大変である。おかげで推理小説やファンタジーなど、アホらしいものを読んでいる暇などない。といいたいところだが、ついそういうものを先に読んでしまう。子どものときと同じで、試験の時期になると、教科書ではなく、小説を読んでしまうのである。

この夏も休暇と称して、旅に出た。半分は仕事でヨーロッパにいたが、半分はエジプト旅行をした。ロンドンで本屋を見たが、スティーヴン・キング、「ダーク・タワー」の新巻がまた出ていた。前の巻を読みかけなので、買わないでおいたが、その代わりにまた別なファンタジーを買ってしまった。大して面白くないのだが、もう習慣になって、読んでしまう。そろそろファンタジーの約束事が十分にわかってきたので、自分で書いたほうがいいんじゃないか、と不遜なことを考えるようになった。

ルクソールで見かけたルリホシカムシ

エジプト旅行中はなにしろ暑くて、十日間、本は一冊も読まなかった。昼間は寝ているだけ、涼しい朝のうちと、夜だけ動いたから、ほとんど哺乳類の古典的な生活になった。

もともと哺乳類の祖先は、朝と夕方、薄暗い時間にしか行動しなかったといわれている。昼間の明るいときは、恐竜が占拠していたからである。恐竜は鳥の親戚だから、鳥目だったに違いないのである。

あんまり暑いので、虫もいない。たった一匹、見かけた甲虫はルリホシカムシだった。これは乾燥した動物質を餌にするので、エジプトにはじつにふさわしい。紀元前数千年からミイラを食べていたのかもしれない。

もっともこれを見かけたのは、ルクソールのマクドナルドの店内だった。マクドナルドにも、肉の切れ端ならたくさんあるはずである。この虫はコスモポリタンで、世界中に広がっている。なにもエジプトくんだりまで行って、見る必要もない。この虫の分布は、人間が広げたに違いない。原産地はエジプトあたりかもしれないのである。

日本のクソムシ

エジプトの甲虫といえば、スカラベである。たいていの人は、その名前を知っている。日本語でいうならフンコロガシ、ただしこれは正式な和名ではない。**ファーブル**の『**昆虫記**』[*1]では、タマオシコガネになっていたと思う。糞をボールにして運ぶ虫が、日本にいないわけではないが、スカラベの仲間はいない。残念ながら、朝鮮半島までである。

スカラベはコガネムシの仲間、正式にはコガネムシ科の甲虫で、たとえばカブトムシやカナブンの親戚、つまり同じ科に属する。

かならずしも糞を玉にするわけではないが、子どもの餌にする虫たちを、通称クソムシという。これなら日本にもたくさんいる。センチコガネ、ダイコクコガネ、エンマコガネ、マグソコガネなどという名前がつく虫たちである。センチは雪隠《せっちん》の意味らしい。このクソムシが最近は減ってきたといわれている。

とくに大きな角があって、図体の大きいダイコクコガネは、ほとんど絶滅危惧種である。牛糞に多いから、牧場にいたが、最近は目だって減少した。一説には、家畜の餌に抗生物質を混ぜるので、糞が貧栄養化したのだという。フン、そんなこともあるのか。そう思ったりする。

ダイコクコガネはもしかすると移入種かもしれない。縄文時代、牛は日本列島にいなかったというのが、考古学者の定説だからである。それなら牛をどうやって運んできたのか、それが問題である。そのときに大陸のダイコクコガネも一緒に連れてきたことになる。

縄文時代に多かったのは、センチコガネである。とくにオオセンチコガネは、三瓶山《さんべさん》の遺跡から破片が多数見つかっている。鹿の糞、狸《たぬき》の糞など、日本の野生動物の糞に依存するから、縄文時代に多数いて当然であろう。

数年前、奈良の春日山で、狸の溜め糞におびただしい数のオオセンチコガネが集まっているのを見た。春日山のオオセンチコガネはルリセンチコガネといわれ、きわめてきれいな青色をしている。ファーブルはアルゼンチンのパンパのクソムシがじつに美しい色彩をしていることを書いているが、一部のクソムシがなぜそんなにきれいな色彩をしているのか、理由はわからない。むろんたいていは黒一色なのである。

古代エジプト人の観察力

そのスカラベが欲しかったが、なにしろ暑い。虫もあんまり暑いのは苦手である。だからたいていの虫は、哺乳類と同じ時刻、薄暮に活動する。だから灯火に集まるのである。

それも真夜中になると、ほとんど来なくなる。四十度、五十度という暑さでは、スカラベどころではない。日陰で生きているのがやっとである。体がその温度になったら、蛋白が変性してしまう。四十度の半ばを超えたら、虫だって死んでしまうのである。

だからエジプトで見たスカラベといえば、石のスカラベばかりである。お土産屋でイヤというほど売っている。しょうがないから、いくつか買ってきて置いてある。このスカラベの造作がいい加減で、肢はしばしばついていないか、申し訳ていどにつけてある。そこが気に入らない。ツタンカーメンの墓の壁画にもスカラベが描いてある。これは立派なもので、肢の細かい突起までていねいに描きこんである。体のプロポーションもよく、実際に即している。

現代では、お土産を作る職人が、生きているスカラベをきちんと見ていないことが、よくわかる。古代エジプトでは、ちゃんと見ていたのである。こういうところが「近代」人のいい加減さである。自然という相手に対する思い入れがないから、作品がそれなりのものになってしまう。

といいながら、自分の原稿のことを思っている。なにしろどんどん書かされるので、現代のスカラベ細工になっているんではないか。そうなってしまうのが現代で、それが面白くない。他人のせいにするわけにいかないが、世の中、こう忙しくしてはいけない。エジプトまで行って、見物して帰ってくるのに、わずか十日である。それでなにが悪いといわれそうだが、それでは同じものしかできないわけである。すべては瞥見《べっけん》でしかないからである。人生全体がやっつけ仕事になっている。来年からは、こんなことはもうやめよう。毎年、そう思いながら、同じことを繰り返している。

古代文明はなぜ滅んだのか

ナイル川の船旅を三日やった。川岸だけが緑で、ちょっと離れた背景はつねに砂漠である。古代エジプト時代は、もう少し緑の範囲が広かったのではないかと想像する。サハラ砂漠に人が住めたからである。そうでないと、あれだけの古代文明を維持できなかったであろう。

ピラミッドの脇に展示してある太陽の船は巨大で、材質はレバノン杉だという。日常の煮炊きだけでも、かなりの燃料がいる。それが全部、薪の類だったとすると、相当の材木が必要だったはずである。過去の自然を復元してみないと、古代文明が可能だった理由の納得がいかない。

おそらくほとんどの木を切ってしまったに違いない。古代文明の滅亡は、基本的にはそのためのエネルギー不足であろう。現代文明で石油が消えることを考えれば、わかるはずである。飛行機も飛ばなければ、車も動かない。エジプト、黄河流域、チグリス・ユウフラテスの流域、インダス流域、いずれもほとんど砂漠に近い。気候変動もあったかもしれないが、大きな原因は人為であろう。公害で滅びたのである。

人工の自然をありがたがる

以前からそう思っていたから、こうした地域を訪れる機会がなかった。というより、行く気がしなかったのである。行ったところで、どうせ虫はいない。その場合の虫とは、自然の象徴なのである。エジプトのガイドは、ルクソールあたりの緑を見て、自然がありますという。ウソをつけ、みんな人間が植えたものじゃないか。こちらはそう思うが、彼らにはその感覚はもうない。緑があれば、すでにそれが「自然」なのである。それなら日比谷公園も神宮の森も自然であろう。

先日、テレビを見ていたら、中国の人工湖が映った。そこに南米はアマゾン流域から移入した木が植えられている。水の中から生えているのである。その湖で、水上スキーをしている中国人がインタヴューを受けていた。「自然のなかにいると、気持ちがいい」。そういったので、こちらはあきれ果てた。

ゴルフ場で英気を養っている日本人も、思えば似たようなものか。街中の川でハゼやウナギを捕っていた子どものころの私などは、ほとんど縄文人ではないか。

エジプトが西欧文明に果たした役割

まあ、いまの時代に生まれなくてよかったと思う。わずかに先に生まれただけだが、そのわずかが、いかに大きかったか。ツタンカーメンの墓を造っていた時代のエジプト人と、それを見世物にして金を取っているいまのエジプト人と、どちらが幸せか、そんなことは知らない。それでもどちらになりたいかと訊かれたら、私は墓を造るほうにまわる。それは当然で、お土産屋のアヌビス神像を見ると、娘はつねに解剖を連想するらしかったからである。

西欧文明はじつに多くのものを、エジプトに負っている。唯一神信仰も、おそらくそうであろう。フロイドには、「モーゼはエジプト人だった」という論文がある。ギリシャ神殿なら、エジプトにははるかに大規模な石造の神殿がある。そうした歴史的解釈を消したのは、キリスト教会に違いない。それは『ダ・ヴィンチ・コード』に示唆されているとおりである。

それでもさすがにギリシャ・ローマの古典文明までは消すわけにいかなかった。おかげでルネッサンスが起こり、教会の敗北の第一歩が始まる。しかしそれが常識としてエジプトまで遡るのは、いまだというべきであろう。

「正当な歴史」を疑え

ロンドンの本屋では、相変わらず『ダ・ヴィンチ・コード』がいちばん上に並んでいる。どういう意味でこれが売れているのか、私にはよくわからない。しかしこれまでの常識的な歴史解釈が、キリスト教会の成立以来のものだということを、アメリカ人が指摘したことが、当然のことながら興味深い。日本の『古事記』『日本書紀』だって同じだからである。こうした史書の成立によって、「それ以前」はきれいに消えてしまった。出雲大社も諏訪大社も、「正統に位置づけられて」しまったのである。

しかし「歴史を消す」のは、日本人だけのお家芸ではない。「正統な歴史の解釈」なんてものを持ち出す相手には、用心したほうがいい。

人類の歴史も、ここまでくれば、要するに「唯脳論」であることが理解できよう。現代ですら把握できない人間たちが、過去をきちんと把握できるわけがないのである。エジプト旅行の教訓は、私にとって、単にそれを確認しただけである。

（2004年8月）

＊1　『完訳　ファーブル昆虫記』（集英社）ジャン・アンリ・ファーブル　Jean-Henri Fabre

『完訳　ファーブル昆虫記』全十巻（岩波文庫）ジャン・アンリ・ファーブル

第4章

科学の世界から見えるもの

～「真実」は生きて動く～

ラテン語と漢学

このところ面白かった本といえば、『死都日本』[*1]。著者も出版社もわからなくなった。面白いと思う本は、すぐに人に貸してしまうからである。息子が持っていってしまったらしい。

南九州の火山が噴火する。それだけの話である。しかし著者はたしかお医者さんだから、理科系の話があるていど押さえてある。そこがただの想像ではないから面白い。

九州の火山はじつは巨大火山だということを、この本で知った。霧島山などというが、これはべつに火山としての単位ではない。もっと大きな火山の一部なのである。縄文時代に南九州に大噴火があって、土地の縄文文化が滅びたという話は知っていた。それとはべつに九州はシラス台地が多く、そこが杉の造林になっていたりすると、台風のときに地滑りを起こしたりする。

シラスは火山灰が積もったものだ。そんなことも断片的に知っていた。そこにこの小説である。おかげで、やっと頭のなかで話がつながった。そんな気がしたのである。

日本の本を読んで、そういう思いをすることは多くなかった。本を読んでも、なかなか目からウロコが落ちないのである。古事記のスサノオノミコトの所業、その描写は火山の噴火の状況を示すのではないか。そう書かれると、あっと思う。べつにそれが正しいとか、間違っているとか、そんなことを問題にしたいのではない。そういう視点があるな、とウロコが落ちるのである。古事記は本居宣長のような、まじめで古そうな爺さんの読むものだ。そういう偏見が訂正される。火山学者が読んだっていいのである。もちろん医者が読んでもいい。

人は他分野からの指摘を認めない

学際的という言葉がかつて流行した。もう消えたのではないかと思う。火山学者が古事記を読むのは学際的だろうが、火山学者の古事記解釈を国文学者は信用するまい。恐竜の絶滅は、隕石の衝突だ。この説は古生物学者には人気がない。隕石だと、化石を掘っても答えが出ない。岩石のほうを調べなければならない。この説を出したのはアルヴァレスという物理学者で、当時イリジウムの定量ができるようになったためだという。絶滅の頃の地層に、イリジウムを多く含んだ薄い層がある。こんなものは、隕石が運んでくる以外にない。そういうことで、小惑星の衝突説になった。

学者は自分の抱えている問題が、とんでもない方から解答されると、認めない傾向がある。物理は物質の問題でもあるが、脳の問題でもある。それを物理学者がすなおに認めるまでには、ずいぶん時間がかかるであろう。もちろん物質といえども、認知しているのは脳だからである。物理法則を考えているのも脳である。物理の素人は気楽にそういうが、物理学者はなかなかそういうまい。

いつ、どこの社会でも、それはふつうに起こることである。役人は人間である以前に、まず役人なのである。それを非人間的だと怒る人はあとを絶たない。しかし役人である以前に、まず人間であったら、役人としては成功しない。

それを思うと、世の中とはいやなところだとも思う。そう思いつつ、生まれてしまった以上は仕方がないから、生きている。青木ヶ原の樹海で死ぬ人が多い。そこの村の中心にあるバス停に、ある若者が落書きをした。俺は生まれ変わった、こんなところには二度と来ない。自殺を思いとどまるのは結構だが、それはおまえの勝手だろうが。なにも村の観光の邪魔をすることはないじゃないか。ぼやくのは私の勝手だが、それを世の中のせいにしてはなるまい。この若者は他山の石である。

なにはともあれ、『死都日本』はいろいろな意味で、私にとって興味深い本だった。こういう本が増えてくると、日本の推理小説界も面白くなる。

知識階級の「資格」だったラテン語

翻訳物は相変わらずいろいろあった。でもほとんど忘れた。文庫ではロバート・ゴダードの『今ふたたびの海』[*2]（講談社文庫）があった。南海会社をめぐる話で、どちらかといえば歴史小説に近い。この人の作品としては、それなりのものというしかない。歴史は詳細を知っているか否かで、印象がまったく違ってくる。私はここで扱われた背景にほとんど知識がないから、ただの小説として読んだ。それはそれで読めるが、歴史を知っていれば、はるかに面白いはずである。十八世紀はじめのヨーロッパについて、私がどれだけのことを知っているかというなら、まことに微々たるものである。解剖学の話ならたいていの人より知っているであろうが、社会のことはわからない。

十八世紀の解剖学は、まだラテン語が通用していた世界である。重要な論文や書物はラテン語で書かれることが多かった。十九世紀後半になると、教科書も論文もその国の言葉で書かれるのがふつうになる。杉田玄白が持っていたターヘル・アナトミアは、ドイツの教科書をオランダ語に訳したものだった。つまり十九世紀後半の教科書は、その国の言葉で書かれたのである。それ以前の世界は、解剖学でも完全に歴史の世界である。英語やドイツ語が読めても、教科書も論文も読めない。ラテン語を読むしかないのである。

当時のヨーロッパ人がラテン語を読むのは、どのていど大変だったであろうか。それをときどき知りたいと思うが、よくわからない。教育は古典語が中心で、オクスフォードであれケンブリッジであれ、あるいはドイツの諸大学であれ、そうだったはずである。それならそれは、乱暴にいうなら、日本の漢学と似たようなものであろう。漢文が読めるということが、学者の資格だったのと同じで、ラテン語が読めることが、知識階級の資格だったはずである。**モンテーニュ**の『**エセー**』[*3]はやや時代が古くなるが、ヴェルギリウスなどの引用に満ちている。これを日本でいうなら、唐詩選の引用だと思えばいいと、私は思っている。

英語の論文は書かない

自国語を学問に用いる最初の契機は聖書の翻訳である。ルターのドイツ語訳聖書は有名である。つまり宗教改革がからんでいる。ドイツ語が学術用語として使われるようになったのはおそらく十八世紀で、第二次大戦でそれが終わる。英語の時代が来たからである。それならこれからは英語の時代だと思う人も多いであろう。皆がそう思うからそうなっているだけのことだから、私は英語で論文を書くのをとうの昔にやめてしまった。一生は短く、英語を修練している暇はない。バイリンガルになれる人は少なく、そうなれる人で、語学以外の仕事ができる人はさらに少ないであろう。しかし、この点で私が少数派だということは、いやというほどわかっている。

衝撃的だった中島敦の生原稿

先日、横浜で中島敦を偲《しの》ぶ会があった。場所は近代文学館である。**中島敦**は横浜学園の教師をしていたので、学園の出身者が主体となる会である。近代文学館では、『弟子』[*4]の原稿を復刻して売っていた。だからすぐに買った。学生のときに、東大の小石川分院で夏休みの実習をしたことがある。近所を散歩したら、中島敦全集があった。そういうものがあるとは知らなかったから、思わず買い求めたが、本屋のおじさんが原稿を見たいかという。見せて貰ったのが、『弟子』の原稿だった。この小さな古本屋が、全集を最初に出した文治堂だと、あとで気づいた。

この原稿は、若いときの私にはショックだった。なにがショックだったか、説明がむずかしい。私はもはや若い私ではない。だから忘れてしまったといってもいい。とにかく驚くほど端正な原稿だった。原稿用紙の升目にあわせて楷書で書き、ときにふりがなを振ってある。その端正さが、中島敦の作品あるいは文体と重なったのである。あの文章は、こういう文字で書かれたのか。これが「文字禍」[*5]を書いた人の文字か。

中島敦の文章を読んで、まず感じるのは、漢学の素養であろう。つまり西洋人のラテン語である。これもあとで気づいたことだが、中島敦と私の父親は同年で、同じ一高の同級生である。二人とも昭和十七年秋、三十四歳で死んだ。私の名前はもちろん孟子からとられている。私の一代前は、漢学の素養がたいていはあった。もちろん中島敦の場合には、家柄が漢学のものだということがある。多くの漢籍に触れていたはずである。私の代になると、そういう素養はかなり欠けてしまう。

それなら中島敦は漢学一辺倒かというなら、英語を当然読む。**「光と風と夢」**[*6]を読めばあまりにも明らかであろう。つまり洋学、漢学に通じるという漱石や鷗外の流儀は、中島敦まで引き続いた。あとはどうなったかというなら、よくわからない。中島敦の原稿の復刻版を読んだ後に、「群像」で**町田康**の**「ふくみ笑い b/w あぱぱの肉揉」**[*7]を読んでしまった。これで正気を保てといわれても、けっこうむずかしいよなあ、と私個人としては強く思う。ひとくちに文学などというけれど、中島敦と町田康と、それがどうつながるかというなら、俺は日本文学史なんか書く必要がなくてよかったと、そう思うだけである。

中島敦とケストナーに共通するもの

これも先日、ある講演にいったら、私の本を読んだ奇特な人がいた。ケストナーの『ファービアン』が好きだが、本がどこかに行ってしまったと書いたのを読んで、文庫本をくださった。それをありがたくいただいてきた。頁のあいだに写真がはさまっていて、それもくださったのか、忘れたままなのか、わからない。

なぜここで『ファービアン』かというなら、私が最近また読んだというだけのことである。ただし両者とも私が好きな作家で、似たところがある。それがなにかを説明するのは面倒くさい。乱暴にいうなら、文体である。描写がしつこくない。ある種の詳細にわたることがない。詳細にわたらない文章の典型は、電報である。しかしいくらなんでも、電報では文学にならない。そのくらいは私でもわかる。

逆に、妙なことが詳細にわたる典型は、ポルノである。ポルノグラフィーには、ある種の詳細しかない。そういう詳細にこだわるなら、実物のほうがいい。ポルノは絵に描いた餅で、餅の説明がいくら詳細でも、実際の餅には及ばない。私はそういう性質で、べつに他人がポルノを楽しむのを邪魔するつもりはない。絵に描いた餅は、それなりの良さがあるのであろう。しかし絵に描いた餅の良否を比較するくらいなら、目の前の餅を食べた方がいい。私は戦中戦後の食糧難時代の育ちだから、そう思うのかも知れない。

ともあれ中島敦にしても、ケストナーにしても、品がある。そうした品格は、描写の抑制から生じる。私はそれが好きなのである。

（２００２年10月）

＊1　『死都日本』（講談社文庫）　石黒耀

＊2　『今ふたたびの海』上下（講談社文庫）　ロバート・ゴダード　Robert Goddard

＊3　『エセー』（白水社／中公クラシックス／岩波文庫）　ミシェル・ド・モンテーニュ　Michel de Montaigne

＊4　「弟子」『李陵・山月記』（新潮文庫）に所収　中島敦

＊5　「文字禍」『山月記・李陵』（岩波文庫）に所収　中島敦

＊6　「光と風と夢」『光と風と夢・わが西遊記』（文春文庫）に所収　中島敦

＊7　「ふくみ笑い b/w あぱぱの肉揉（「ふくみ笑い」に改題）」『権現の踊り子』（講談社文庫）に所収　町田康

「ならない」曲者論

このところ推理小説があまり読めない。暇がないだけではなくて、読む気力がない。推理小説を読むのに、気力なんかいるか。そう思うだろうが、それがいるのである。中島敦に「文字禍」という短編がある。それと同じではないが、一種の文字禍には違いない。文字ばかり見ているので、文字が化けて出そうな気がする。

なにしろ忙しい。自分の本が売れすぎたので、いずれ書くなどと、いい加減な約束をした相手が、まともに原稿を催促してくるようになった。そんな催促をされたって、本なんか、簡単に書けるわけがない。そもそも私のほうは、著書の一冊が売れたんだから、あとはそんなに売れるわけがないじゃないかと思っている。私の本が売れたこと自体が異常現象だと思っているのだから、そんな現象が繰り返し起こるはずがない。あいつの本は一度売れたから、もうだめだ。そう思うのが常識ではないか。

ところが一部の編集者は、そうは思わないらしい。この上にさらに私の本を作るというのは、仕事だからまだしもだが、題を「バカの壁を越えて」にするといってくる。全然違う出版社から、二人もそういってきたのだから、要するに同じことしか考えていないとわかる。これじゃあ、儲かるはずはない。私は商売は素人だが、他人と同じことをして、儲かるはずがないことくらい、わかっているつもりである。だれでも考えるようなことをして、それで仕事が済むなら、仕事なんて楽なものである。そういう楽をしていると、長い目で見れば、ロクなことにならないはずである。

諸悪の根源は「ならない」

バブル前の銀行がそうだった。土地という担保があれば、金を貸す。それなら私だって銀行員になれる。おかげでどんどん土地バブルになり、それがいまでは不良債権である。でも一部の出版関係者の態度を見ていると、銀行よりマシともいえない気がしてくる。もっとも銀行は金を貸さなきゃならないし、出版社は本を出さなきゃならない。さもないと商売にならない。この「ならない」が曲者《くせもの》である。東京電力であれば「電力を供給する義務がある」と法に定められているらしい。電力を供給しなければ「ならない」のである。これで世の中にさまざまな面倒が起こる。

原発が具合が悪いから総点検といったって、「ならない」んだから、電力を供給するのである。著者の頭が空っぽだといっても、本を出さなきゃならないという。なぜこんなことになったか。これが分業の難点だとは、多くの人が気づかなかったらしい。分業は社会的に効率が良いが、その仕事が不必要になったとき、なんとも困る。大きな組織になるほど、分解できない。公団がそうであることは、すでによくおわかりであろう。公団がなぜできたかというなら、天下りのためで、それなら根本の原因は官庁の存在である。官庁で長年勤務して、定年になったら悠々自適。そうさせないから、公団が発生する。それならはじめから官僚組織のなかに公団があったほうがわかりやすい。

ゼネコンも分業世界で潰れかけている。仕事がなくなったのであろう。分業でない世界なら、仕事がなくなったら、別な仕事をすればいい。分業が当然になると、そうはいかない。仕事がなくても、無理やり仕事をしなければならない。だから構造改革になる。全体を変えなきゃ、という話にならざるを得ない。電力の供給義務も、考えようによっては、悪い面が生じる。需要を抑制する装置が内在されていないことになるからである。クーラーをつけて、高校野球を見ている時期に、電力需要がピークに達する。そんなことに電力供給義務があっていいのか。足りなくなるから、節約してください。それでなぜいけないのだと思う。エネルギーが供給義務では、温暖化、環境問題が頻出するのは当然である。システム自体が天井知らずを促進するようにできている。それで省エネをいうのは、矛盾しているではないか。

誰かがやらなければならない仕事

東大に勤めていたころ、部屋の掃除もごみ捨ても、電話番も、全部が教授である私の仕事だった。機能的に、つまり分業的に考えるなら、これはムダの骨頂である。そもそも高い金を出して、専門家として国家が養成した人間に、とくに訓練の必要などない仕事をやらせているからである。だから日本国はなんとも贅沢な国だと書いたこともある。

いま思うと、あれでよかったのかもしれないと思う。当時だって、それでかまわないと思うから、雑用は自分で結局やっていた。全体のことを考えるなら、つまらない仕事のために、わざわざ人を雇う必要はない。やりがいのない仕事をやらせるなら、やる人はどこか働く気が失せるはずである。私がやるなら、肝心の仕事をするために、掃除であろうがごみ捨てであろうが、電話番であろうが、必要とあればせざるを得ない。必要だとわかっている人間が、その仕事をするのが、どう考えても合理的なのである。

そもそも解剖を始めたのだって、その手の理由がないわけではない。医学の教育上、解剖はだれかがやらなくてはならない仕事である。ところが医者は患者を診るのが本来の勤めである。死んだ人を診たところで、医者の仕事にはならない。江戸の人だって、そんなことはわかっていた。解剖なんか、とんでもない。だから、一部の医者は事実そういったのである。医者の仕事は生きた患者の面倒を見ることで、死人の解剖をすることは、その仕事には含まれていない。日本で最初に官許の解剖を行った山脇東洋に対して、その盟友だった吉益東洞はまさにそう述べた。

「好き」は「楽しい」に進化する

解剖に来る患者さんは、はじめから手遅れである。だから医者であって医者ではない、私みたいな人間が分業で引き受ける。これはあくまで分業だから、仕事自体がいらなくなる可能性はつねにある。解剖なんて、古臭いこと、もうやらんでよろしい。世の中がそうなったときには、分業専門では私自身が困る。それならいつでも転職できるように、他の仕事だって心得ておく必要がある。それなら必要なことは、なんでも自分でやっておいたほうがよろしい。もっとも解剖で覚えられたことということなら、葬儀屋さんの仕事くらいかもしれない。それでも専門以外になにもできないより、はるかにマシであろう。

そうした考えで生きてきたから、別な欠点が出た。上手に人が使えないのである。必要なことは自分でやってしまう癖が、どこまでもついてくる。自分ではまったくできないことは、むろん他人にまかせる。しかしできることであれば、自分でやってしまう。考えてみると、これは虫採りでついた癖かもしれない。虫採りにふつう手伝いはいない。自分で虫を採りに行き、採ってきた虫を自分で標本にして、自分であれこれ調べる。分業で考えるなら、採る人、標本にする人、研究する人、それぞれ別でもいい。でもふつうはそれをしない。

好きなことをしていると分業をあまりしなくなる。好きな仕事につながる仕事は、いつの間にか、好きになっていることが多いからである。だから全部を自分でやろうとすることになる。

これを楽しむにしかず。これは私の好きな言葉の一つである。好むという段階を過ぎると、楽しむようになる。それで思い出した。原稿もあまり注文の量が多いと、楽しめなくなる。楽しむためには、仕事の量はほどほどでないといけない。そこで邪魔になるのが、先ほどの「ならない」である。「ならない」につられて仕事をすると、仕事が義務的になる。それではあまり面白い仕事にならない。原稿なんかは、とくにそうであろう。書くほうが楽しんでなければ、読むほうが楽しめるはずがないじゃないか。

遺伝子組み換え作物を扱った良作

ともあれそういうわけで、頭のなかは文字で満杯なのである。そこに外からさらに文字を入れるというのは、屋上屋を重ねることになる。だから本が読みたくない。あれだけ本が好きなのに、どうして読みたくないのか。書評、解説、賞の選考、いろいろ義務的な読書がある。それも硬くて、分厚いものが多い。そのうえ自分でわけのわからない原稿を書いていたら、文字禍に襲われるはずではないか。

それでも最近読んだ大きなものというなら、服部真澄『GMO』[*1]であろうか。遺伝子組み換え作物をテーマにして、食品会社のやり方を追及した大作である。舞台は南北アメリカに広がる。生物学を知らない人には、遺伝子組み換えの政治について、いろいろ知ることができて、参考になるであろう。こうした新しい応用技術には、かならずある種の政治が絡む。それを上手に書くと、教育と同時に世の中に対する警鐘にもなる。その意味では成功した作品だと思う。

インターネットは使わない

『死都日本』もそうだったし、この作品もそうだが、よく調べて、面白く書いてある。日本の作品の水準がずいぶん上がったと思う。もしかすると、一つにはインターネットのおかげがあるかもしれない。これまでだと、調査にやたらに手間がかかったようなデータが、インターネットを利用すると簡単に手に入る。料理の腕はだれにでもあるわけではないが、腕のある人にはよい時代が来たのであろう。

もっとも私は、自分でものを書くときには、インターネットを使うことはない。参考資料を見て書こうとすると、書くのが面倒くさくなる。完全に自分の頭に入ったことでなければ、じつは使えない。インターネットはうろ覚えをちょっと確認するには便利だが、それ以上の目的に利用したことはない。書物の時代の人間だから、どうしてもそうなるらしい。もちろんほとんどの著者は、自分の頭に入ったことだけで書こうとするはずである。それでないと盗作問題も生じやすい。うっかり資料そのものを引用して、自分が書いたものだと錯覚しかねないからである。人間の記憶とは、じつにアテにならないもので、自分の意見か他人の意見か、かならずしも明確でなくなることは多い。

それでも私は研究職だったから、その区別を意識する訓練は受けている。

それでもときどき、自分の記憶を危ないと思う。他人を見ていても、同じことを感じることがある。こちらの意見が、しばらく会わないでいるうちに、いつの間にか相手の意見になっている。それがこちらの影響なのか、本人が考えているうちに、同じことを思いついたのか、二人で議論しても、たぶん決着はつかないであろう。もっともふつうの人は、こんなことを考える必要はあるまい。

「反対する」より「よく知る」

遺伝子組み換えに限らず、一般に応用可能な新技術は、反対してもあまり意味はない。だれかが実行してしまうと、取り返しがつかないという可能性がつねに残るからである。核爆弾がそうで、先にナチが作るかもしれないということが、アメリカの核開発の論拠となった。だからこういう技術については、じつは「よく知る」しかないのである。禁止したところで、それこそ使われてしまったら、もはやもとに戻せないことが多い。それなら反対原理主義になる前に、利害をしっかり見定めておく必要がある。それを右で「教育」と述べたのである。技術自体に反対するより、新技術を導入すると儲かる、儲かるほうがいい、どんどん儲けよう、そちらの欲のほうをなんとかすべきであろう。それが私の個人的な意見である。

（２００３年８月）

＊1　『ＧＭＯ』上下（新潮社）　服部真澄

「真実」の正体

最近読んだ本で、面白かったといえば、なんだろうか。

一つはジュリアン・ジェインズの『神々の沈黙』[*1]（紀伊國屋書店）だった。六百ページもある本だから、よほど暇な人でないと、読まないかもしれないと思う。でも主題は意外に簡単である。人間が言葉を持って以来、はたして「同じ」人間だったか、ジェインズはそれを追究しているのである。

答えは明白である。今の人と、昔の人は違う。昔の人は、神の声を聞いていたという。そんなバカな、と思った人は、ジェインズの本を読んでみて欲しい。その声がしだいに聞こえなくなる。それとともに、人は近代人に変わるのである。いまでも声が聞こえる人があって、そういう人が身近にいれば、周囲の家族や友人は「病院に行きなさい」というであろう。

神の声が聞こえる

医学生だった私が、精神科ではじめて診た患者さんが、たまたまそういう人だった。大会社の地方の工場長をしているとのことだった。なぜ病院に来たのかというと、まさしく「神の声が聞こえる」と言い出したからなのである。ただしこの人の場合には、ジェインズが論じているケースとは違う。もともとテンカンの小発作で、幻聴があった。それでも若いうちは、自分は小発作があって、そういうときは幻聴があると、自分でいっていたのである。ところが五十代の半ばを過ぎてから、幻聴が神の声になった。それを家族が心配して、病院につれてきたのである。

学生だった私は、話を聞くだけだった。しかし自分なりの結論は明瞭だった。これは病気ではない、ということである。ご本人は、たいへん長い年月にわたって、幻聴を聞いていた。それを幻聴だと判断するのは意識だが、その意識がついに疲れて、バカらしくなったのであろう。面倒だから、神の声にしてしまえ。いわば、そう思ったのだろうと思う。つまり若いうちは、周囲の人たちに合わせる必要があるから、幻聴だと自分でも努力して思い込んでいたのであろう。その努力をやめてしまえば、神の声になる。

なぜそれで問題がないのかというと、どのみち聞こえているのは、自分の考えなのである。それなら別に問題はない。若いうちなら、世間の常識が身についていないから、神の声で行動されると、はなはだ具合が悪いことが起こったかもしれない。しかしある程度以上まで年齢が進んでしまえば、それほど変わったことは考えないであろう。考えたところでたかがしれているはずである。それなら神の声だろうが、幻聴だろうが、大した違いはない。しかも現代人はそれほど宗教的ではない。いかに神の声であろうと、それで人殺しまで犯そうということにはなるまい。「神様はそうおっしゃいますが、私は人殺しはイヤです」、くらいは思うであろう。

世間のフツーの人がそうは思わないことは、わかっている。知人が神の声を聞くなら、気持ちが悪いと思うはずである。しかしさらにいうなら、宗教の教祖というのは、そういう人に違いないのである。神の声を聞く人は、かなり変わった人ではあるが、それがかならず行動異常を起こすわけでもないし、不道徳だというわけでもない。むしろ神の声なんだから、どちらかといえば、道徳的な声に違いあるまい。悪魔の声がするというのでは、もちろん困る。しかしこの患者さんの場合には、神の声だったから、私は無害だと自分なりに診断したのである。

「神の声」の正体は右脳？

この神の声を、ジェインズは右脳の声だと推測する。テンカンと違って、右脳と左脳はだれにでもある。過去において、神の声を聞くのが一般的だったという推測をするなら、そうとでもいうしかなかったのであろう。この本は新しいものではなく、一九七〇年代に出版されているからである。脳の左右の関係はなかなか複雑で、単純な答えはない。しかしジェインズの推測は現在の知見に照らしても、なかなか興味深い。左右脳が分離してしまうケースでは、二つの別な心が生じることは、当時からよく知られている。だからジェインズは、古代人の心を「二分心」と呼んだ。

脳で左右に分かれるのは大脳皮質で、進化的にはヒトでよく発達することになった新しい部分である。この左右の大脳皮質をつなぐのが、脳梁と呼ばれる繊維束である。この繊維束が切れると、左右脳の分離が生じる。男性の場合、言語は左脳にあることが多い。ということは、右には言語がない。言語と意識は強く関係するので、右脳は言語的な意識を示さないことが多い。ところがものがわかってないわけではないことは、さまざまな実験から確認できる。たとえば左右脳の分離患者に、右脳だけに情報が入るようにものを見せて、なにを見たか、それを尋ねると、言葉では返事ができない。しかし、いくつかのものの絵を見せて、関係のあるものを選べといえば、正しい返事ができる。たとえばコーラを見せたとして、選ぶものにコップ、かなづち、スリッパ、ネコを見せたとすれば、ちゃんとコップを選ぶのである。

ある分離脳患者は、外出する際に、靴下がなかなか履けない。本人は脳障害の結果として、運動機能が良くないからだと信じている。しかし客観的に観察すると、事情が明白になる。意識脳である左脳に支配される右手は、もちろん靴下を履こうとしている。しかし右脳に支配される左手は、同じ靴下を脱ごうとするのである。だから結果的に、靴下がうまく履けないことになる。多くの場合、左脳と右脳は、反対の動作を考えるらしいのである。

言葉のない右脳の思考が、神の声になるというのは、むろん証明されていない。確実な科学的結論なんてものを要求する現代人には、その点で不満があろう。しかし、私はこうした仮説をていねいに作ろうとするジェインズのロマン主義に惹かれる。いわゆる科学的「事実」の枠内の話がいかに危うく、またいかにつまらないかは、その世界である程度暮らしてきた私の実感である。

政治目的に使われる研究

関係ないと思われるかも知れないが、地球温暖化に関する炭酸ガス説もそうだし、タバコの害に関する「医学的」議論もそうである。タバコの害をいう人は、証拠になる論文が山のようにあるという。そういう意見を聞くと、私はすぐに、その研究費を出したのはだれだと聞きたくなる。アメリカの学者なんて、研究費が出ない仕事なんか、鼻もひっかけないからである。それならタバコの害について研究をしろと、背後で動いている金持ちがいるはずである。それで出てきたレポートの矛盾は、ほとんどの人が指摘しない。なぜならそんなことをしている暇があったら、もっと有益な仕事をしようと思うのが、まともな科学者だからである。私だって、そんなバカな検証をする気はない。逆に、タバコのみのほうが寿命が長いなんて統計は、簡単に作れると思う。そもそも元気な人でなきゃ、タバコなんか吸わないからである。隠れた政治的目的に使われる研究なんか、問題にする必要はない。

「真実」は生きて動くもの

面白くて、最後まで読んでしまった本が、もう一つある。それは佐藤優著『国家の罠』[*1]（新潮社）である。鈴木宗男事件に絡んで逮捕された、外務省の人である。この本の面白さも、私にとっては、著者のロマン主義にある。日ソ関係をめぐる政治的な背景でムネオが倒され、著者が捕まるいきさつが精彩に描かれている。著者たちが画策したことがうまく行っていれば、こういう結末にはならなかったであろうと、著者は書く。著者の解釈が正しいかどうか、そんなことは本の面白さと関係がない。著者がある考え方をとり、それに従って行動していく様子が見えるように書かれているのが、取り柄なのである。善玉、悪玉の描き方も、たいへん上手である。日本社会からも、こういう本が出るようになったかと、そこに感銘を受けた。逮捕でもされなければ、お役人が自分の口から仕事について語る話を聞くことはできない。その意味でも珍しい本である。

繰り返すが、ジェインズの本と同じで、書かれたことが「真実」であるかどうか、それは本の面白さと関係がない。ウソはウソなりに面白いのである。真実とは、そこに留まっている情報ではない。生きて動くものなのである。だから真実とは「追求する」ものであって、「与えられるもの」でも、「そこに転がってじっとしている」ものでもない。それを止まっているものだと信じると、原理主義に陥る。真実の恐ろしさも、面白さも、価値も、そこにあると私は思う。

真実とは、それぞれの人が生涯を賭けて追求するものなのである。それが手に入ると思うのは、単なる錯覚である。虫一匹が、なんという種類か、それを決めようとするだけでも、生涯を費やすことになる。小学校の四年生から虫を追いかけているのだから、そんなことは、私にはわかりきったことである。しかしフツーの人は、虫一匹の名前なんて専門家ならすぐにわかるはずだと思うであろう。自然物に命名する行為は、そんな簡単なことではない。

真実を追求しようとするロマン主義

真実は追求するものだということは、あまりにも当然である。しかしそう表現したとたんに、「追求すれば、手に入る」という錯覚に陥る人が出る。なぜなら人にはケチな性質があって、手に入らないものを追求するのはムダだと思うからである。しかし人生には、手に入ろうが入るまいが、追求するものがある。それを追うことを、私は右にロマン主義と呼んだのである。右の二冊の本は、その意味でのロマン主義に価値がある。同時に、ということは、著者たちは要するにロマンティストなのである。小説とロマンとは、ほとんど同義語だとお気づきであろう。じつはこの二つの本は、よくできた小説なのである。本人たちは事実だというかもしれないが、この二つの書物の主題は、いずれも事実であることが確認できない分野である。ジェインズの主題は歴史であり、佐藤氏の主題は政治と外交である。そうした分野に事実なんぞというものはない。あったとしても、それを人は限られた人生のあいだで、完全に知ることはできない。

真実は正体不明

若い頃、私は真実という言葉が嫌いだった。使ったこともない。いまでは、それほどこだわらなくなった。なぜかは、すでに説明したことで、おわかりであろう。そういうものは、ただひたすら追求するものであって、手に入れるようなものではない。手に入ったところで、じつは面白くもおかしくもないであろう。そういうものを、夢と表現する人もある。ひたすら追求するという意味では、真実も夢も、同じようなものである。ただし、夢は勝手に「見る」ことができるが、真実については、正体は知れない。正体不明だからこそ、追いかける価値があり、そこに追いかける面白みがある。その意味で、夢よりも真実のほうが「高級」なのかもしれない。

子どもの頃から私は、正体の知れないものが好きだった。右のように考えると、それがなぜか、やっとわかるような気がするのである。

（2005年6月）

＊1　『神々の沈黙』（紀伊國屋書店）　ジュリアン・ジェインズ　Julian Jaynes

＊2　『国家の罠』（新潮文庫）　佐藤優

第5章

情報の嘘

〜小説より面白い〝隠された事実〟〜

人は毎日「死んで」いる

メールを開いたら、アマゾンからロバート・ジョーダンの「時の車輪」シリーズの新刊が出たという、お知らせがきていた。すでに書いたとおり、やたらに長いシリーズだから、本屋さんでまとめて買うわけにいかない。店頭に全巻は置いてないからである。そもそも何巻まで買ったか、それすら自分でわからない。だから以前、アマゾンに一度にまとめて頼んだ。コンピュータがそれを記憶していて、新刊が出ると案内が来るのであろう。出たとあれば仕方がないから、また注文した。

むろん注文すれば、本が来る。来れば、読む。だから読んだ。あと数頁、残っている。今週は広島の大学で集中講義をした。まだ読みかけだったので、読んでない分を破き、裸で広島に持っていった。四日広島にいたので、食事の時間だけ読んだ。出張中は家族が目の前にいないから、食事中の読書は解禁である。それで残りあと数頁になってしまった。十巻が出たばかりだから、次の第十一巻が出るまでに、かなりかかるであろう。仮にいまから一年かかったとすると、そのころには十巻の内容をほぼ忘れているかもしれない。それまでにジョージ・マーティンのシリーズの新刊が出ていると、それも読むに違いない。ますます中身がこんがらがるであろう。こうなるとボケ、および寿命との競争である。死ぬまでに、はたして読み終わるか。私はともかく、途中で著者が死んだら、頭にくるなあ。そんなことを考えている。

こういうファンタジーは、もうすっかり読み癖がついてしまったから、どうにもならない。ひたすら読むしかない。世界中のファンタジーは、無限ではないわけだから、全部読んでしまえばいい。ほとんどやけくそである。読書はその意味では中毒で、私は若いときから中毒患者である。

読書は脳を活性化するか

いま読売新聞社の主催で、活字文化推進会議というのができている。そのなかで、私は「脳と読書」というテーマを扱えといわれている。読書は脳を活性化する。そういう説が最近はあるらしい。タバコも麻薬も、考えようによっては、脳を活性化する。

私の若いころは、本はあまり読むなといわれた。私の恩師もそれが口癖だった。しかし私が本ばかり読むのを知っていて、けして止め立てはしなかった。むろん読書が大切だということも、わかっていたに決まっている。でもファンタジーを読めとはいわなかったと思う。そんなものを一生懸命に読むのは、間違いなくただの中毒である。読書は脳を活性化するかもしれないが、読書によるであろう。ファンタジーでどのくらい活性化するか、自分の脳で調べてみるしかあるまい。だから実験として、そんなことでもやってみようかと思っている。

そもそも脳の活性化とは、どういうことか。近頃はその測定ができる。脳が働くと、そこにはまず血液が集まる。早い話が、赤くなる。その赤さを見ればいい。働いてない部分は血液が集まっていないから、いうなれば赤くない。赤いということは、たぶん赤外線も出ているということである。これは脳の外から測定できる。それを測定する装置ができている。それで測ると、たしかに活動している部位では、赤外線が出ている。

自分の死体は解剖できない

ファンタジーを読むのと、マンガを読むのでは、どちらが脳を活性化させるか。そういうことを自分の脳で調べてみようかと思うが、なんだか怒られそうな気もする。おまえが遊ぶために、機械を作ったんじゃない。そんなことをいわれそうである。小遣いで買えるような安い機械ではないから、大学や研究所のような場所にある、公共の機械を使うしかない。そういう機械で遊ぶと、怒られるのである。

それに読むのは私である。私は専心誠意、ファンタジーとマンガを読んでいればいいが、その私の脳を調べるほうは労働である。そこでもなんだか怒られそうな気がする。俺にも読ませろ。そんなことを、相手が言い出すかもしれない。そうなると、私が今度は機械を扱わなければならない。この歳になって、新しい機械の使い方を覚えるのはしんどい。どうせろくなデータは出さないに決まっている。

資本主義社会だから、機械を使うためには、使用料を払えばいいはずである。それを研究費という。その研究費というものを、私はほとんどもらったことがない。研究を半分遊びだと思っているから、もらいにくいのである。遊ぶなら、自分のお金で遊ぶ。虫捕りはそれほどお金がかからないから、道楽として自分でできる。脳研究を道楽にするのは、容易ではない。金なしでやるなら、アイディアで勝負するしかない。それにはいささか歳をとり過ぎた。ボケが進んでいる。現存の人物であれ、歴史上の人物であれ、急に名前をいおうとすると、決して出てこない。思い出すのに、数秒かかる。若いときにはなかった症状である。長期記憶から取り出して、使うためにとりあえず記憶を入れる場所、作業記憶の部分が壊れてきているに違いない。

友人たちと会食をしていて、時差ボケの話になった。そうしたら、だれかが時差は治るが、ボケは治らんといった。たしかにそれが時差とボケの違いである。だから私の場合には、もう脳研究は無理である。ボケ研究の材料にしかならない。研究材料があっても、料理人がいないから、仕事にならない。自分についての研究というのは、そういう妙な矛盾がある。これを自己言及の矛盾という。

解剖はその典型である。他人の死体は解剖できるが、自分の死体はできない。科学は客観的に事物を観察するものである。それなら科学の対象は、客観的に観察可能でなければならない。ところが自分の死体を客観的に観察しようとすると、観察すべき当の自分がいない。他人に頼むという手があるが、他人が頼みを聞いてくれるという保証がない。これこれこういうことを調べてくれと他人に頼み、仮にきちんとやってくれたとしても、その結果を私自身が聞くことができない。それなら調べてもつまらない。

釣り込まれないファンタジーと現代医療の問題点

ロバート・ゴダードの新刊**『石に刻まれた時間』**[*1]（創元推理文庫）をその間に読んだ。この人の作品はたいていよくできているが、長いファンタジーを読む合間にこういう作品を読んではいけない。それに気がついた。ゴダードの作品の雰囲気に釣り込まれなければならないのに、ファンタジーを読んでいると、逆に客観的になってしまうのである。ファンタジーの世界はまったくの作りものだが、ゴダードの世界は歴史ものであっても、ともかく現実である。その現実味のほうが強くなって、雰囲気に釣り込まれにくくなってしまう。脳とは妙なものである。

このところ読んだものといえば、あとはマンガ。そういえば**関川夏央**、**谷口ジロー「『坊っちゃん』の時代」**[*2]が双葉文庫で全五巻として出た。第五部『不機嫌亭漱石』の解説は、不肖私が書いた。明治という時代、ひいてはその後の日本を、まじめに考えさせられるマンガである。マンガを馬鹿にしてはいけない。

近頃目立ったのは、『ブラックジャックによろしく』[*3]。これも大まじめなマンガである。現代医療の問題点を本気で突いている。主人公はなり立ての研修医である。そんな医者が患者を診られるわけがない。そこでいろいろ苦労をする。患者本位の医療というが、それが現在の医療界でどれだけ実現可能か、主題の基本はそれであろう。

これを読んでいるときに、たまたまＮＨＫテレビを見た。そうしたら、森津純子さんというホスピスの医者のインタビュー番組があった。若いときからホスピスの医者をしているという。私は知らなかったから、思わずしっかり見てしまった。末期の患者さんの思うようにしてあげようと思えば、通常の医療を避ける場合も出てくる。そっとしておくということである。そうなると、同僚の医師から、それは医療の放棄ではないかという反論を受ける。そんな苦労話を語る。自分の手首を切って、血液が半分くらいになったこともありました。淡々とそういう。苦労話だが、暗くない。

いちばん印象に残ったのは、ホスピスの患者さんで、上手に死ぬことができるのは、どういう人かという話である。どういう人だと、読者はお考えか。その日その日、そのときそのときを懸命に生きている人である。その日暮らしとは違う。その日その日というと、すぐに「アリとキリギリス」を思い出すのが、日本人ではないだろうか。将来に向けて、確かな準備をするのがよいことだ、と。しかし末期の患者さんには、その将来はほとんど残されていない。

自分は変わらないという幻想

ガンになったから、後がないのだ。多くの人はそう考えるであろう。どうやらそれは違う。後がないのは、いつでも同じである。老少不定、無常迅速。以前はお坊さんがそれを説いた。一休の歌、「門松は冥土の旅の一里塚」はその典型であろう。じつはわれわれが持っているのは、今日だけなのである。

これが変わってきたのは、情報化社会が進んだからである。そこでは人は自分を情報とみなすようになる。自分が実体ではなく、情報に変わると、自分を変わらないものと見なすようになる。情報は変化しないからである。ところが現代社会では、ほとんどの人が逆に考える。テレビのニュースも新聞の記事も、日替わりじゃないか。変わらないのは、それを読んでいるこの「自分」だ。つまり情報はつねに変化するが、自分は不変だ。そう思っているに違いないのである。

そう思っていると、死が理解できなくなる。だって「変わらないもの」が「死ぬ」、つまり「なくなる」のは、どう考えても変ではないか。現代社会では、人の名前は一生のあいだ変わらない。社会も人間を情報と見るようになったのである。江戸時代なら、事情はまったく違うことに気づかれるであろう。幼名、元服、隠居の号。その間でも役職が変われば、しばしば名前も変わる。秀吉の時代には、その変化がもっと激しかった。

情報の不変さ、他方変化するものとしての人、それを見事に示しているのは、ヘラクレイトスの一言であろう。万物流転。これをギリシャ語で書くなら、ヘラクレイトスの時代といまと、まったく同じギリシャ語ではないか。万物はたしかに流転するが、情報そのものは不変なのである。ヘラクレイトスという人間はもういない。消えてなくなった。人間は情報ではないからである。

人は何度でも死ぬ

要するに現代人は死なないと思っている。個性を持った私という人間、すなわち確固とした自分が存在すると思うなら、死ぬのは変である。それなら自分は死なないという、暗黙の結論になるほかはないではないか。

人は日々変化する。そう思えば、逆に「死ぬのは誰だ」という疑問が生じる。それは今日生きているこの私ではない。だからこそ、その日その日なのである。あるときテレビのインタビューで、そういう思いを述べたことがある。私は死ぬことなんか、考えない。べつになんとも思わない。そういったのである。聞いていたアナウンサーは、私が理屈あるいは嘘をついていると思ったらしい。本音ではないと見たのである。

メディアは情報の典型である。メディアに属する人が、人が日々変化するのを信じないのは当然であろう。しかし昨日の私はもういない。十年前の私もいないし、子ども時代の私もいない。それらの人々は、すべて「死んでしまっている」ともいえる。それなら人は何度でも死ぬ。毎日死んでいる。女房や亭主の顔を見て、あらためて考えてみればいい。こんな相手に惚れたのは、どこのどいつだ。その意味で人間はその日暮らしである。

それでもその人の本質は変わらないでしょうが。そう思いたければ、そう思っていればいい。ホスピスで上手に死ねないだけのことである。十年前の自分がもはやいないのだから、「本質が変わらない」といったところで、客観性はない。比較の相手がもはや死んで、いないからである。比較のしようがないではないか。現代人は客観的なはずだから、その理屈はわかるはずである。

（２００３年２月）

＊1 『石に刻まれた時間』（創元推理文庫） ロバート・ゴダード Robert Goddard

＊2 「谷口ジロー コレクション」（双葉社） 関川夏央・谷口ジロー

谷口ジロー コレクション1 『『坊っちゃん』の時代』

谷口ジロー コレクション2 『坊っちゃん』の時代 第二部 『秋の舞姫』

谷口ジロー コレクション8 『坊っちゃん』の時代 第三部 『かの蒼空に』

谷口ジロー コレクション9 『坊っちゃん』の時代 第四部 『明治流星雨』

谷口ジロー コレクション10 『坊っちゃん』の時代 第五部 『不機嫌亭漱石』

＊3 『ブラックジャックによろしく』全十三巻（佐藤漫画製作所） 佐藤秀峰（電子書籍）

報道は本当のことを伝えない

このところ、あんがいたくさん本を読んだ。出張が多かったので、たびたび新幹線に乗ったからである。新幹線ではパソコンで原稿を書くと時間が潰せるが、そのパソコンが壊れた。仕方がないから、本を読んで暇を潰す。

疲れているから休みたいと思うときは、推理小説や時代小説を読む。元気なときは、真面目な本を読む。このところ社会問題に関する本が多い。でも社会問題をあんまり真面目に考えると、怒りたくなる。怒ると血圧が上がる。年寄りが血圧を上げるのはよくない。中年から血圧の薬を飲んでいた友だちが、一昨日、心臓で急死してしまった。知り合いがだんだん減っていく年齢になった。

本を読んで血圧が上がりそうになったら、本を取り替える。そのためには、何冊か本を持って、新幹線に乗る必要がある。そうすると、カバンが重たい。

近頃は若い人が持ってくれたりするが、それが女性だったりすると、気が引ける。どうしても持つというから、カバンの引っ張り合いになったりする。これもみっともない。生きているのは、なかなか大変である。

〝懐かしい〟海外小説

東京駅でカルロス・ルイス・サフォン『風の影』[*1]（集英社文庫）を買った。「世界三七カ国で五百万部突破！」と帯に書いてある。著者はいまはロスに住んでいるというが、舞台はバルセロナ、著者の出身地である。主人公は少年で、父親に連れられて、「忘れられた本の墓場」に行く。父親はそこは「神秘の場所、聖域」だという。本の一冊ずつには、魂が宿っている。「本を書いた人間の魂と、その本を読んで、その本と人生をともにしたり、それを夢みた人たちの魂」なのである。父親はいう。「気にいれば、どれでもいい。それをひきとって、ぜったいにこの世から消えないように、その本を守ってやらなきゃいけない。」少年はおびただしい本の中から、ある一冊を選ぶ。そこから物語が始まる。運命の出会いを上手に使っている。

この物語は、過去と現在を行き来しつつ、一九四五年から一九六五年へと流れていく。その間に主人公の青春がある。なんと主人公はほとんど私と同世代だと気づいた。そういう小説に当たることは、めったにない。道理で、読みながら、なんだか懐かしい思いを感じていた。現代を舞台にしている作品が多いから、車だ、パソコンだ、テレビだ、ケータイだということになってしまう。ちょうど私の世代を振り返って書かれたものには、それがない。懐かしいわけである。その間に世界はずいぶん変わった。バルセロナでは、日本より時間の歩みが遅かったのかもしれない。フランコが辞めたのも、そう昔のことではない。スペイン語の本を読みたいと思うことがあるが、読めないから仕方がない。

外国語にまつわる苦悩

スペイン語が読めないから、文学では損をしている。セルバンテスもボルヘスも、翻訳で読むしかない。とても勉強する暇はなかった。若いときのことを考えても、そう思う。医学部で教育を受けたから、英語を読んで、ドイツ語を読んだら、もう頭はいっぱいである。多数の言葉を操る人を見ると、ただ呆れる。英語はいまはスティーヴン・エリクソンのファンタジーを読んでいるが、これは文章がむずかしい。というより話がむずかしい。作品の出来が悪いせいだといいたいが、私がさまざまな常識を欠いていることもある。それぞれの言葉を理解するためには、それぞれの言葉の裏にあるおびただしい常識を知らなければならない。それがないのだから、言葉だけが読めても、かならずしも話が十分には通じない。

小学校で英語を教えるというが、まあ、適当なものであろう。この「適当」は、いい加減という意味である。母国語もできないのに、外国語は無理である。アジアの多くの国で英語が使われるが、これは英語でないと、勉強もできないからである。なにしろ学術用語が一切ないんだから、英語で授業をするしかない。たとえばブータンでは、英語でふつうの科目が教えられ、国語だけがゾンカ語である。とはいえ、同じブータンの中でも方言があって、場合によっては通訳が要るらしい。これではどうにもならない。ブータンでは私は英語で済ませているが、もちろんそれは表面上の付き合いだからである。

ロンドンの博物館には何度も行っているが、相変わらず話をするには苦労している。私は耳が悪いから、相手のいうことが一回では理解できない。この耳の悪さは、耳そのものではなく、脳の聴覚領のせいである。ときどき聞く訓練をしようかと思うが、これも暇がない。電車でテープやＣＤを聞こうとすると、本が読めなくなる。一生は一度しかないから、やむを得ず聞こえない耳で我慢している。あれもこれもというわけには行かない。

石油がなくなるシミュレーション

真面目な本では神門善久[*2]『日本の食と農』（ＮＴＴ出版）が印象的だった。講演で日本のあちこちを歩くが、古い町の中心部はどこも壊滅状態である。店はシャッターを閉めている。郊外に大きな店舗ができて、そこに人が集まる。車社会だから、仕方がないと人々はいう。しかしその背景にどんなカラクリがあったか、この本で教えられた。農地法と、国民の怠慢である。詳細は読んでいただいたほうがいい。

私がこの問題に興味を持った理由は、むしろ石油エネルギー問題からである。石油が払底して、価格が上がれば、当然ながら物流が不便になる。重くて安価なものほど、運ぶと損になる。そのもの自体の価格に比べて、運送費が相対的に高くつくからである。食料や水はその典型である。それなら石油が不足してくれれば、買い物は近くで間に合わせる方が有利である。私は戦後の食糧難育ちだから、物流が止まるとはどういうことか、身をもって体験している。当時は物流が止まったから、疎開するしかなかったのである。

物流がむずかしくなれば、モノのあるほうに人間が引っ越すしかない。そんなこと、当たり前であろう。それなら世界の未来は明確である。石油が不足してくれれば、人々は田舎に住むようになる。それならいまから田舎に住めばいいじゃないか。そういって歩いているのだが、聴衆がどこまで本気で聞いているか、それは知らない。

　私の予測が当たろうが当たるまいが、本人の寿命がもうあまりない。それならどんな予測をしようが、当方の勝手である。責任のとりようがない。でも石油が無限ではないことくらい、当たり前の話はない。それなら安い石油を基礎にしている現代社会の暮らしが、永久に続くはずがない。中国が少し余分に使い出し、中東で戦争状態が続いたら、もう世界中に問題が起きている。だから西欧諸国は、廃止するはずだった原発の寿命を延ばし始めている。NHKのニュースがそう述べていた。

　話してみるとよくわかるのだが、石油がなくなるという話は、多くの人が聞きたがらない話題である。戦争中に、この戦争は負けるかもしれないよ、と話すようなものなのであろう。安価な石油を当然の前提にして、生活や仕事をしているから、それがなくなったらどうするか、考えたくないのであろう。自分が生きているあいだは大丈夫だという、安心感が同時にあるのかもしれない。でもとりあえず、石油がなくなっていくにつれて、なにが起こるかくらいは、考えておく必要があろう。それで仕事や生活がいくらかでも修正されれば、それでいいのである。

対中国情報戦

もう一つ、**杉本信行『大地の咆哮』**[*3]（ＰＨＰ研究所）。毎日新聞に書評を書いたが、数多い中国本のなかで、印象に残る一冊だった。著者は上海総領事を勤め、最近亡くなられたと聞いた。私の書評が出たとたんだったと思う。そのためにもう一度、ここで触れておきたくなった。著者は自分が末期ガンだと書いておられた。鳥のまさに死なんとする、その鳴やよし、人の死なんとする、その言やよし。著者が総領事であったときに、館員の自殺事件が起こっている。中国の諜報部に引っ掛けられたということだが、詳細は知らない。伝えられていない。故人の名誉もあろうが、こういう事件は他人事ではない人もあろうから、ちゃんと詳細を伝えるべきではないか。

中国がらみの話は、下手な推理小説より面白いのではないかと思う。べつにふざけているのではない。日本側の報道が、表面に出た限りでは、あまりにも甘いという気がする。天皇メモが出たいきさつも、明瞭な裏があろう。それを一切書かないというのは、どういう神経か。新聞は自分たちのことだから、追いたくないのかもしれない。あのメモ報道があってすぐに、二人の新聞記者に聞いたが、どちらも自分の手にあのメモが入ったら、特ダネとして報道する、といった。堅い話をここでする気はないが、天皇の政治的中立性は天皇だけが律儀に守っても意味がない。天皇の中立性の重要性を、いまの人はもうわからなくなったらしい。もちろん天皇自体に政治的な力がないんだから、それでいいという考えもあろう。しかしそれなら、日本の世間は天皇を抜いても成立するか。石油の問題と似たようなもので、ほとんど考えてないのと違いますか。

情報を流したヤツは誰だ？

最近の新聞を見ながら、戦争中の新聞と似たようなものだと、近頃はしみじみ思う。日本に限らない。世界中であろう。ダイアナ問題、9・11、いずれも事実が十分に報道されているとは思えない。私が推理小説をあまり読まないのは、隠された事実のほうが面白くなったからかもしれない。天皇メモの裏に誰がいるか、それをいろいろ考えたりする。中国に近い政治筋といえば、だれか。政治、経済団体なら、どこか。察しがつくような気がする。

敗戦でだまされたと思い、その後は科学を勉強させられたおかげで、社会問題でも実証のないことは信じないという癖がしっかりついている。そのかわりさまざまな疑問が起こるが、それを忘れないという訓練も受けてきた。ふつうは疑問を持っても、まもなく忘れてしまう。それを私は問題を丸めると表現する。丸めてしまえば人生は楽だが、楽をすればその分はちゃんと返ってくる。そういえば、現代は楽をする時代である。山中鹿之助の三日月に祈る絵なんて、近頃とんと見かけない。われに艱難《かんなん》辛苦を与えたまえ。そんなことを祈る日本人がいるとは思えない。マゾじゃないの、でお終《しま》いであろう。人生は重荷を背負うて山路を行くが如し。家康公もマゾである。

報道されなかった歴史の裏

中国の偉い人が、日本なんて国は、二十一世紀には消えてなくなっているといったそうだが、現代日本を見ていると、そんな気がしないでもない。そういえば、**水谷尚子『「反日」以前』**[*4]（文藝春秋）には、趙安博氏の項に、「日本の原水爆禁止運動を含む革命運動や民衆運動について、どれだけ援助したか分からない、旧ソ連だけでなく中国もこれらの運動に巨額の資金を投入していたことを認めた」とある。巨額の援助をいまでもなにかにしているのか、そう思うと、なかなか興味深い証言だった。私の学生時代には、いわゆる左翼運動が盛んだったが、まさかそこに中国の資金が入っているとは、当時は夢にも思わなかったからである。私は右翼でも左翼でも、反米でも反中でもない。実際にはなにが起こっているのか、それに興味と関心があるだけである。メディアはウソばかりつきやがって、と思わないでもない。

（２００６年８月）

＊1　『風の影』上下（集英社文庫）　カルロス・ルイス・サフォン　Carlos Ruiz Zafón

＊2　『日本の食と農』（NTT出版）　神門善久

＊3　『大地の咆哮』（PHP文庫）　杉本信行

＊4　『「反日」以前』（文藝春秋）　水谷尚子

新しい情報に価値があるか

年末にこれを書いている。今年の目玉はなんだったか。この季節だと、どうしてもそういう話になる。読んだ本を思い出してみようとするが、もちろん思い出さない。なにしろ怠け者である。こういう原稿を書くのはわかっているのだから、読んだ本のメモくらい取ればいい。それができない。

推理小説なんて、そもそも楽しみに読むものではないか。それをメモなんか取ったのでは、楽しみが仕事に変わってしまう。そんなこと、仕事にする気なんかない。というわけで、思い出すままの無責任ということになる。

大きな本では、ダン・ブラウンの『天使と悪魔』[*1]（角川書店）。アメリカでは『ダ・ヴィンチ・コード』[*2]のほうが売れているというが、まだ読んでない。『天使と悪魔』は主題にかなり凝った部分があるから、一般受けしない面があるのかもしれない。でも読ませる作家であることは間違いない。

どこが凝っているかというと、後半の眼目がコンクラーベになっていることである。コンクラーベは法王選挙のことだが、それには伝統的な規則がある。その規則を上手に使って、話の筋書きを法王選出に引っ掛けてあるところが面白い。ところがこれは、とくに日本では、まさに一般性がない。そんな古臭い話、どこが面白いんだ。そう思われてしまいそうである。だからカトリックに特段の興味のある人でもないと、その部分がぴんとこないのではないかと思ったわけである。

それ以外は秘密結社と暗号である。この二つの組み合わせが売れるということが現代社会をよく示している。この話のなかでは、ガリレオ以来の！科学者の秘密結社があって、それがローマ教会と事を構えることになっている。根本の主題は要するに情報であろう。秘密結社という言葉自体が大時代だが、日本語ではほかに表現がないから仕方がないのだろうと思う。秘密結社も暗号も、「隠された」情報の発見と解読だから、現代社会の指向性がよく出ているのである。

ロスチャイルドの柱

読者としての私がそれに興奮を覚えるかというなら、「関係ない」というしかない。人より先に情報を手に入れること、それが重要になったのがいわゆる「近代」である。ビジネスではそういうことが大切なのかもしれない。ロンドンの証券取引所に行くと、ロスチャイルドの柱というのが、いまでも残っているそうである。ウォータルーの戦いで、ナポレオンが勝ったか、連合軍が勝ったか。当時は情報の流れが遅かったが、ユダヤ人であるロスチャイルドは、他人より早く連合軍の勝利を知った。そこで英国国債を大量に売りに出す。ロスチャイルドが国債を売ったということは、連合軍の敗戦だ。そう周囲は判断して、大勢が国債を売りに出したから国債が暴落した。そこでもう一度それを買い占めたのがロスチャイルド本人である。その売買の指示を出していたときに、ロスチャイルドが寄りかかっていた柱が、ロスチャイルドの柱だというわけ。

科学ではどうかというなら、「新しい」ということは、十九世紀以来の科学では必須である。「それはだれかがすでに見つけたことだ」。そういうことに、科学は一切価値を認めない。私自身はそういう世界が嫌いだから、途中で降りてしまった。ビジネスもやったことがない。

自然の中にある暗号

暗号はどうかというなら、これにも関心がない。なぜかというと、自然の世界は暗号ではない暗号に満ちているからである。暗号自体は人が作り出したものだから、所詮は理解できるという前提がある。自然の暗号は、そうとは限らない。いまは素朴な自然科学は消えかけて、現代科学に置き換わった。そうした新しい科学は、自然を相手にするというよりも、人間の解釈を相手にする。実験室という限られた空間で、「これまでの常識」を変更しようとするのである。それを私はマッチ・ポンプだと思う性格である。「これまでの常識」自体が、いうなれば人間の作りものである。それを少し違った作りものである。科学者はそれを「新しい発見」というのだが、それじゃあ、結局は同じことじゃないか。そんな気がしてしまうのである。

「新しい」ことを追いかけるのが、二十世紀のモットーだった。学位論文の審査をすると、この論文で新しいことはなんですかという質問がかならず出た。それはまさに見方によるのである。銅鉄主義という古い表現があった。外国の研究者が鉄で調べたことを、日本の研究者が銅で調べる。どこが新しいかと訊かれたら、まだだれも銅では調べてませんと答えればいい。いっては悪いが、たいていの論文はそれだという気がする。なぜそうなるかというと、学会という世間が「新しい」ことを要求するからである。そのときに「新しいとはなんですか」と開き直る若者はいない。

すべての科学は「脳」を使う

科学らしいものを自分でやっている間に、私は「新しいもの」に対する偏見を持ってしまったらしい。解剖学なんて、古い学問の典型である。なにしろ山脇東洋、杉田玄白なんだから。これでは新しいことなんか、見つかるはずがない。

どうしてそうなるかというと、対象を限るからである。つまり解剖学なら人体に話を限るからである。ゾウならどうか、ブタならどうか。これをやっていると、新しいことが見つかる。もうおわかりだろうが、これも銅鉄主義である。でも解剖でやっていこうとすれば、そうならざるを得ない。そう思った時期もある。

いまはどう思っているか。まったく考えが違う。新しいも古いもない。問題は方法だ。そう思うようになった。

もちろん科学の世界には以前からそれもあった。私が研究生活に入ったころは、光学顕微鏡から電子顕微鏡に移っていく時代だった。だから電子顕微鏡を使うこと自体が「新しかった」のである。電子顕微鏡で見れば、ともあれ、いままで見えなかったさまざまな細部が見える。それならあらゆるデータが「新しい」のである。

それならその先は明らかである。観察はどんどん細部に向かった。顕微鏡でいうなら、倍率がどんどん拡大したのである。その行く先は分子に決まっている。じゃあ、そこでなにが起こるか。それを私は勝手に計算してみた。以前の本に書いたから、詳細は書かないが、結果は明瞭だった。拡大すると、ものは「見切れなくなる」。当たり前である。人間を十万倍の倍率で見て御覧なさい。一生かかってもとうてい見切れない大きさになる。

私の場合には、そこで話が戻ったのである。じゃあ、人間を理解するには、どのていどの拡大が必要か。拡大もたまには必要だが、ほとんど拡大する必要はない。人間は人間、あくまで等身大ではないか。考えているうちに、話が常識に戻ってしまったのである。

なぜそうなったか。方法を顕微鏡という「科学の方法」に限定したためである。もっとも一般的な科学の方法とはなにか。脳みそに決まっている。それが私の結論だった。なぜなら、どの分野の科学であれ、かならず使うのは脳みそだからである。それなら方法としての脳みそとはどんなものか。それを考え出したら、世間では脳科学者といわれるようになってしまった。じつはなんの関係もないのに。

脳科学者だって、脳を考えるのに、脳みそを使っているのである。胃を使ったり、腎臓を使ったりはしない。だから私は、脳の使い方を考え始めただけである。それなら脳科学者だって使ってる方法なんだから。

結論はなにか。脳は情報を扱うということである。それが推理小説の主題にまでなっているというのが、ここまでの長い話の結論である。

推理小説の面白さは謎解きではない

私の本音を書くと、だから情報を主題にした小説は、本当は面白くないのである。なぜならそんなことは「わかっている」からである。どういう意味で「わかっている」のか。隠す、隠さない。それだけだからである。隠さなければ、情報というのは、いつでも「なんだ、そんなことか」なのである。

たとえば虫を見ていたとしよう。あいつらは、なんとも奇抜なことをする。

虫たちはそれを「隠さない」。すでに書いたように、暗号を堂々と見せている。こちらはそれを懸命に解こうとする。そういう謎なぞをいつもやっていたら、人間同士のあいだでの情報隠しなんか、クソ面白くもない。情報をわざと隠して、こちらの気を引こうと思ったって、ほかにもっと面白いことが山ほどあるよ。そういう気分になる。

そういう読者ばかりでないことは、先刻承知の上である。それでも推理小説は謎解きだといわれると、反対したくなる。謎ならいくらでもある。数学だって、一種の謎解きではないか。推理小説の面白さとは、結局はよくできたロマンかどうかに尽きる。それがどういう意味かは、また論じる機会があろう。きちんと論じるには誌面が足りない。

日常系ホラーのつらさ

さて、出版社勤務の知人が、私がホラーが好きだというのを聞いて、**ジャック・ケッチャム**の作品（扶桑社ミステリー）を一そろい、わざわざ送ってくれた。

うーん、たしかにホラーといえないことはないが、私の好きなホラーではない。スティーヴン・キングの解説というおまけまでついている。ところがキングには似ていない。なぜなら超自然ではないからである。日常的な世界の、日常的なホラーというのは、ときどき目を背けたくなる。読みたくなくなってしまうのである。

では愚作かというと、そうではない。わりあいまともな筋書きになっているとしたら、たとえば『老人と犬』[*3]であろう。なんの理由もなく、若者に犬を撃ち殺された老人が、それなりの復讐を求める話である。これならわからないではない。ところが『地下室の箱』[*4]とか、『隣の家の少女』[*5]のように、一種の監禁ものになると、読むのがいささか辛くなる。それでも読んでしまうから、楽しみに読むといっても、いろいろありますな。

それにつけても、いつも思うことだが、アメリカ小説の暴力描写は恐ろしい。ジェイムズ・エルロイならまだ「抽象的」だが、ケッチャムになると、暴力が本当に「日常的」になってしまう。平和ボケした日本の老人には、なかなか辛い。アメリカが年中、戦争をやっているのは、こういう背景があるのか。しみじみそう思ってしまう。『老人と犬』の主人公の老人だって、私と同じくらいの年齢に設定されている。それなら、私にこの主人公の真似ができるかというなら、とんでもない。逆に、犬を連れて釣りをしていたら、銃を持った若者が現れて犬を撃ち殺したなんて事件も、日本では起こりそうもない。つまり話の発端がないんだから、その後の推移もないことになる。

もっとも、無意味な暴力なら、われわれの社会にも常にある。その有無とは、じつは単に量の問題に過ぎない。それはよくわかっている。だからアメリカの暴力小説を私も読むのである。それにしても、と思う。女性の殺人率は、男の十分の一である。性ホルモンとは、厄介なものなのである。

（２００３年12月）

＊1　『天使と悪魔』上中下（角川文庫）ダン・ブラウン　Dan Brown

＊2　『ダ・ヴィンチ・コード』上中下（角川文庫）ダン・ブラウン

＊3　『老人と犬』（扶桑社ミステリー）　ジャック・ケッチャム　Jack Ketchum

＊4　『地下室の箱』（扶桑社ミステリー）　ジャック・ケッチャム

＊5　『隣の家の少女』（扶桑社ミステリー）　ジャック・ケッチャム

第6章

思考の筋道

〜わからないから考え続ける〜

神のみぞ知る事実は存在するか

ダン・ブラウンの『天使と悪魔』は、コンクラーベつまり法王選挙の例外規定を使った、一面では凝った作品である。図像学者が主人公で、ローマの町の建築物案内にもなっていた。推理小説が古いヨーロッパの観光案内を兼ねるという意味で、いかにもアメリカ人好みというべきであろう。「あの建物なら見たことがある、そういう話があったのか」と、読者は喜んで騙されるわけである。

さらに話にダ・ヴィンチが絡んでいた。『ダ・ヴィンチ・コード』では、それが正面に出てくる。一種のドタバタ活劇だが、聖杯伝説を背景において、図像学の初歩を解説すると同時に、今度はパリの建築案内をする。こういうシリーズをそういつまでも続けるわけには行かないだろうが、楽しみに読むにはよくできた作品である。

聖杯伝説を絡めた謎解き

歴史の解説としても面白い。コンスタンチヌスの時代に、ローマ帝国の国教はキリスト教となる。このあたりのいきさつは、歴史の本でもわかりづらい。国の宗教を変えるというのは、たいへんな仕事のはずである。ふつうなら、流血なしには収まらないであろう。日本でも仏教伝来でもめている。聖徳太子の「和をもって尊しとなす」も、宗教的な対立が背景にあったと思う。

ローマ帝国は東西に分かれ、教会も東と西に分かれる。キリスト教会の基礎を磐石にするために、自然信仰に由来する母性信仰、女性信仰を、教会は徹底して抑圧する。

『ダ・ヴィンチ・コード』では、それがじつは聖杯伝説の背景だということになっている。聖杯は「女性的なるもの」の象徴だというのである。そして真の聖杯を守る秘密結社がある。ダ・ヴィンチはその会員の一人だった。聖杯の正体を書いてしまっては、ルール違反になるかもしれないから、ここでは触れない。真の聖杯とはなにか、これが『ダ・ヴィンチ・コード』の重要な謎となっている。

殺人事件を聖杯の謎と結びつけて書き、一気に話を進めてしまう。話の作り方が上手である。こういう話はむろんご都合主義に決まっているので、それを嫌うなら、読まなければいい。このくらい上手に書いてあれば、ご都合主義でも娯楽として許せる。これを下手に書かれたら、目も当てられない。アメリカで売れている理由がわかるように思う。

むずかしい文章は読みたくない

日本ではどうだろうか。最近読んだものといえば、高野和明『幽霊人命救助隊』*1（文藝春秋）。自殺した四人の霊が浮かばれないまま、神様にいわれて、自殺者の救助に乗り出す。百人助けたら、成仏できる。そういう約束になっている。

近年のように自殺が多いと、こういう作品を書きたくなる気持ちはわかる。

自殺というのは、なんだか扱いにくい。深刻に書いても受けないし、あまりふざけると叱られそうである。そこを上手に書いているから、つい読んでしまった。助けている四人が、自分が死んだのと似たケースに出会って、それぞれが成仏していく。説教臭い自殺の本よりも、有益ではないか。ついそう説教したくなった。

こうして紹介してみると、要するに軽い本ばかり読んでいる。重い本は読みたくない。たぶん忙しくて疲れているからだと思うが、言葉も変わってきたのであろう。

むずかしい文章を学生に読ませると、いまは学生が怒り出すという。わかりやすくないと、いけないらしい。私は老人だが、やっぱりむずかしい文章は読みたくない。

どの程度のわかりやすさか。それにはメール文が適切な目安となる。なにしろ若者たちは毎日でもメールを使っているわけだから、あの種の作文には慣れているわけである。インターネットやメールの文章が、これからは文章の手本になるはずである。それを認識していないのが、旧来の人種であろう。どういう人種かというなら、大新聞の記者、著名な出版社の偉い人、文章の上手な人、などなど。それが記事を書いたり、手を入れたり、本を作ったりしている。

長らくいわれてきた「活字離れ」とは、このことを指している。私はそう思うようになった。いまここで私が書いているような文章は、もはや硬い。連載で続けてきたから、いまさら変える気はないが、もうこういう文章は書かないでもいいと思っている。

どうするのかというのなら、まずデスマスにする。さらに「語りかけ」にする。相手が「聞いている」ものと想定して、それに語りかけるように書く。なにしろメール文なんだから。

そうしていない典型が新聞であろう。それで若者が「新聞を読まない」と非難しても、いささか無理ではないか。若者に迎合するのとは違う。いまの書き言葉は明治の言文一致体であって、だから「むずかしい」のである。極端にいうなら、若者たちにとっては古文みたいなものであろう。語りかけの文章は冗長になる恐れがあるが、それを簡潔にするのが新しい名文ではないか。

文章は「通じる」からこそ意味がある

『バカの壁』はバカ売れしたが、あれは私が書いたものではない。新潮社の後藤裕二さんが書いた文章である。後藤さんは、なにしろ「週刊新潮」、「フォーカス」で書き慣れているから、私自身が書くより読みやすくなっているはずである。しかもその文章は、一人の脳ではなく、最低二人の脳を通過している。それなら一人の脳で書くより、通じが当然よくなっているはずである。

ここは大切なところだと、私は思う。脳は個性ではなく、共通性を要求するのである。

現代の最大の問題の一つは、自己同一性である。「変わらない」自己があって、それに「個性」がある。体は歳をとるのでわかるように、間違いなく「変わる」。だから「変わらない」私とは、心すなわち意識と見なすしかない。「三つ子の魂、百まで」である。ところが頭のなかに個性はない。自分の頭のなかが、他人にわかってもらえなかったら、入院するしかない。社会生活が送れないからである。そんな当然のことを、「個性」と「独創」の価値を主張する現代文明は認めない。

言葉は万人に共通であって、他人と違う言葉を語っても、じつは意味がない。共通の言葉の使い方に差が出るから、そこに面白味がある。それを個性と呼ぶのは勝手だが、そうした使い方の違いは、内容の「わからなさ」と比例するわけではない。個性的な使い方だが、わかりやすい。それが「受ける」のであって、言葉の個性的な使い方のおかげで、話がまったく通じないというのでは、精神科行きである。

そう思えば、文章は通じなければ、まさに「話にならない」のである。頭に個性があると思い込んだから、文章も個性的でなければならないと、どこかで思い込んでいないか。文章とはむしろあたりまえ、万人に共通のものであって、だから手本つまり古典ができるのであろう。しかも言葉は時代とともに変わる。

推理小説のような何か

文章語の変遷は、話し言葉に比較すれば、はるかに遅い。それが活字離れの遠因であろう。そもそもこれだけ世の中が変わり、メディアが変わってきたのに、文章だけが変わらないで済むはずがない。実際に変えてみれば、なんのことはない。おそらくそう思うに違いない。

ジェイン・ジェイクマン『霧けむる王国』[*2]（新潮社）は、クロード・モネのロンドン滞在を背景にした「推理」小説である。括弧をつけたのは、著者が推理小説が書きたかったのか、モネを書きたかったのか、わからなかったからである。

こうした「仮託して語る」タイプの推理小説が増えてきたように思う。『ダ・ヴィンチ・コード』も、図像学や教会史の解説だともいえる。『幽霊人命救助隊』も同じである。自殺の真面目な本を書くより、文学というジャンルに入れてしまったほうが書きやすいに違いない。真面目に書いたら、面倒なことになりそうな気がする。正確でないとか、モデル問題とか、ややこしいに決まっている。

見えているのに見えていない

そこで逆にいわゆるノン・フィクションの問題が出てくる。このジャンルがどこか判然としないのは、現実とはなにかという問題にかかわっているからである。私は現実を簡単に定義してしまっている。当人の行動を変えるものを、その人にとっての現実と定義しているからである。それで万事が済むと思っているわけではないが、そういう視点が必要だと思っているのである。

科学をやってみれば、事実とはなんだということを、いやでも考えさせられる。ふつうの自然科学者は、事実なんてあたりまえだと思っているが、科学哲学が理論負荷性という概念を出したのは、もはやずいぶん以前である。人体を解剖する場合でも、執刀者に見えるものは、執刀者の経験によって違ってくる。それは解剖の経験がない人には、逆によくわかるであろう。素人が解剖をしたら、自分が見ているものがなんなのか、さっぱりわからないという状況になる。

もっとはっきりしているのは、素人が顕微鏡を覗いたときである。顕微鏡で見える世界は、あたりまえだが、肉眼では見えない。それなら顕微鏡ではじめて見る世界は、経験にないのである。それを「どう見るか」、それは「勉強しなければわからない」。ということは、勉強という経験を経なければ、「なにも見えない」ということである。勉強とはつまり理論で、だからただ「目で見る」ことにすら、理論負荷性が存在している。

すべての物語はフィクションである

素朴に考えるなら、目に見えるなら、だれにでも見えるじゃないか、と思うであろう。そうはいかない。そうはいかないから、写真家という職業が成り立つ。写真家は本当は写真の技術が上手な人ではない。同じように見えている世界に、違った理論を負荷する人である。美を理論だという人は少ないが、ぎりぎり詰めたところでは、美と理論はしばしば一致する。良い理論は美しく、悪い理論は汚い。汚い写真は、電子顕微鏡の場合、たいていウソの像で、美しいウソの写真なんて、科学の世界ではまずない。

これもわかりきった話だが、一般的ではないであろう。ということは、多くの人が、ただ見るという行為についてすら、あまり考えたことがないということである。それならフィクションとノン・フィクションの区別なんて、わからないということになって当然であろう。私自身の考えは簡単である。すべての物語は脳が語るもので、それならフィクションなのである。

禅語に「一切唯心造」という言葉がある。ノン・フィクションという言葉が日本語化しない理由は、これでわかると思う。

もともと日本文化には、神のみぞ知る事実という概念はない。一神教の神は全知全能で、しかも唯一絶対である。それなら神の知る事実が一つだけ、あることになる。それが事実であり真実なのだが、私はそんなものは知らない。私がわずかに知っているのは、自分が知っていると思っていることだけである。

（２００４年４月）

＊1　『幽霊人命救助隊』（文春文庫）　高野和明

＊2　『霧けむる王国』（新潮社）　ジェイン・ジェイクマン　Jane Jakeman

私はなぜ政治に関心がないか

秋が近づくと、本を読む機会が増える。読書の秋などという、高級なものではない。さまざまな賞の選考があるので、その候補作品を読まなければならない。

薄いけれども面白い本もあるし、いっこうに面白くないのに、むやみにページ数が多い本もある。それでも、なにはともあれ、与えられた仕事だから、読まなければならない。場合によってはそれが苦痛である。専門に近いものであれば、サラッと読めばほぼ記述の質や程度がわかる。しかし解剖学や医学の本が一般書のなかに入ることはまずない。それならたいていの本は専門外で、それならていねいに読むしかない。そういう読書は、本人からすれば、ほとんど格闘技である。

賞の選考と好き嫌い

　こうした読書は、私の場合、間違いなく気分に左右される。どれを読んでも、ほとんど腹が立つだけ、ということもある。そういうときには、読むのをやめる。要するに機嫌が悪い。本を読んだから機嫌が悪くなったのではない。機嫌が悪いから、本が面白くないのである。そういう状態で、選考しなければならない本を読んだら、著者に気の毒である。ただし、そういう状況でも面白い本というのはあって、それは自分にとってはつねに面白いのだから、結局は推薦することになる。ただしそれが賞をとれるとはかぎらない。当たり前で、他の人たちの意見があるからである。

　人間は感情の動物だから、こうした選考は感情に左右されるはずである。私は感情が表に出ないほうだと思うが、それでも好き嫌いは明瞭にある。ただし嫌いだから落とすということはしない。ほかの人が強力に推すなら、それに従うことが多い。私が欠点を明確に述べたのに、それでもだれかが推薦するというのは、取り柄があるということで、私は欠点よりも取り柄をとる癖がある。そもそも本を書くというのは、それなりに容易ならぬ努力が払われていることが多いのだから、それを評価する。

欠点を本気でいうなら、いくらでもいえる。でもそんなことにさしたる意味はない。本は読まれるためにある。どうせ読んでしまうのだから、欠点ばかり挙げても、読んだ自分が損をする。それなら取り柄を探すほうが生産的である。どう探しても取り柄がないという本がないわけではなかろうが、そういう本は賞の選考にはふつう出てこない。だから安心していいのである。

他人に関心を持ちすぎない

もっとも、そこに人間関係が入ってくることがある。いわゆる「ひき」である。師弟関係とか他のさまざまな利害が絡む。私はそういうことにうといから、気がつかないことが多い。あとで教えられて、そうかと思ったりする。しかしそれは問題にしない。どういう意味でも問題にしないので、ないことにして振舞う。それがいいことかどうかわからないが、そういうことには無知でいようと、自分で勝手に決めた。だから仕方がない。

世の中の利害、つまり広い意味での人事に、やたらに詳しい人がいる。私はそういうことにまったく関心がない。もともと関心がないだけではなく、関心を持たないことにしてきたのではないかと、自分で疑う。なぜならその種のことは、多くは個人的なことで、それならプライヴァシーに属するからである。個人情報の保護がいわれるが、それをいわなければならないのは、自分にそうした制限を課してない人がいるからであろう。興味を持つ、持たないは個人の勝手だが、他人のことにあまり関心を払うのは、暇人としかいいようがない。それよりもっと自分のことを考えたらどうだ、といいたくなる。

私はなぜ本を書くのか

人事に関心がないと、組織のなかでは損をする。そう思われていることが多いのではないかと疑う。あいまいな書き方をしたのは、こういうことは、公に論じられることが少ないと思うからである。私自身は組織人としては失格で、それはよく知っている。つまり私人としてならなんとか生きられるのだが、公人としては無理である。政治に根本的には関心がないのも、あれはまさに「公」で、それなら私には関係がない。そう思うからである。逆にいえば、日本の政治はつねに私的で、公としては間違ったことをしていると、どこかで思っているのである。そういう思いはきわめて根本的だから、現状をまったく受け入れていないといえば、いえないことはない。

ときどき政治問題で署名を求められたりすることがある。それには決して賛同しない。なぜなら、訴えかける相手が公で、それ自体を私は私的に公とは認めていないのだから、訴える必要を感じない。訴えるなら、まさに私的に人々に訴えるしかない。だから本を書くので、本を読んでくれる人だけに訴えるのである。それでなけりゃ、そもそも本を書く必要もない。その意味でラディカルだといえば、まさにそうだというしかない。政治的な訴えをする人は、政治を認めているわけで、そんなことを私はしない。政治的な訴えをするくらいなら、はじめから政治家になることを志している。

世間の「流行」は追わない

なぜこんな考え方になったのかと、ときどき考える。その背景はたぶん敗戦にある。無敵皇軍、一億玉砕が、あっという間に平和憲法、マッカーサー万歳になった。だから、そんなもの、だれが信用するかといえば、若者だってわかってくれるであろう。わからないのは、単に実感がないからである。じゃあ、どう考えるのかといったら、何百年経っても、そりゃそうだということにしか、関心がない。いずれ変わってしまうことに大きな関心を寄せても、意味がない。そう思ったら、学問をするしかない。

アメリカの影響だと思うが、学者を個性的とか、独創的とか評する雰囲気がある。そんなもの、まったくの間違いであろう。だれが考えてもその通りということは、常識であって、個性でも独創でもない。当たり前のことを考えて、それが通じないのは、世の中が曲がっているからである。世間に流行現象があるように、ヒトの集団にはその時その時の偏向がつきものである。

いちいちその相手をしていたら、肝心なこと、変わらないことを考える暇がなくなる。政治はその時々の都合で動くもので、学問とは本来、そういう流行を追わないはずのものだった。しかし研究費が必要だということになると、どうしても世の中に歩調を合わせなければならない。学者が職業化したから、そのあたりがむずかしいことになった。

伝統なんて背負わない

戦前と戦後のように、世間が大きく変われば、どちらも信用しないというのが、当たり前みたいな気がする。しかし、以前が間違っていたので、新しいほうが正しいのだと、私は教わってきた。古いものには「封建的」とレッテルがついた。伝統はおおかた封建的だったから、私はそういうものを背負っていない。それで得も損もしただろうと思う。損をしたと思う点は、そういうものに対する理解がないことである。頭の理解ではなく、身体を通じての理解である。たとえば正装をするとわかるが、外国で正装を要求されると往

生する。どうせ似合わないに決まっているからである。それなら羽織袴がいいが、そちらも身についていない。だから正装はしたくない。そうしなければならない機会なんか、避けるにしくはない。そう思うことになってしまう。

得をした点といえば、古いものに煩わされずに済んだことであろう。昔風の義理を欠くことなんか、なんとも思わない。そもそも義理を感じないのだから仕方がない。少しでも過去の伝統が入っている相手には、失礼かもしれないと疑うが、あえて失礼させていただく。自分の本心に入っていない原理に基づいて行動すると、ロクなことはない。そう信じているからである。義理のうるさい時代には、そんな考え方では、世間は通らなかったはずである。そういう総論はわかるが、具体的にはわからない。なにしろ身についていないんだから、わかりようがない。そこはいまの若者と同じである。

普遍性を教えない日本の教育

さすがに歳をとってくると、戦前も戦後も、ともにウソだったんじゃない

かという思いが強くなってくる。双方から具合の悪いものを適当に除いて、新しい時代を作ると、ちょうどいい塩梅になるんじゃないかと思ったりする。ただ問題があるとすれば、そのときのホンネである。中庸というのは、ホンネを除いたら、意味を持たない。言い方がむずかしいが、ほかに上手な表現を思いつかない。つまり足して二で割るのが中庸ではない。上下左右の極端をとって、その中間を指すのである。つまり理論的中立点であって、具体的な中点ではない。具体的な中点で収めるのを、妥協というのである。

よく常識と書くので、若者に突っかかられたことがある。先生のいう常識とは、どういう意味ですか、と訊かれた。それを学問というのだよ、と教えて、納得するはずがない。大学院生のころに、**デカルト**の**『方法序説』**[*1]を読んで、感心した覚えがある。本来の性癖として、理窟っぽいものが好きなのである。ただしそのなかで、理解ができずに引っかかった言葉がある。「良識は万人に与えられている」。デカルトはそう書いていた。若かった私には、その意味がわからない。「常識とはなんだ」と訊いた学生と同じである。万

人に良識があるはずがないじゃないか。若者は素直にそう思うのである。とくに日本の世間で教育を受けてくれば、そう思うはずである。徹底して教わるのは、「世間に合わせる」ことだけである。それなら戦前は無敵皇軍、戦後はマッカーサー万歳になる。

なぜ若者が「常識」を疑問に思うかというなら、日本の若者は個性や独創性については十分に聞かされるが、普遍性を同時に教わらないからである。学問は元来は普遍性を追うものだったが、いまでは専門性を追うものに変わった。だから明治の人はそれを「科学」つまり「分科の学」と名づけたのである。そうでない学問を哲学と訳したはずだが、哲学もまた分科の学の一つになった。普遍性の追究がないところに、常識や良識があるはずがない。高校生にそれを説明しても、おそらく無理だと私は判断した。だからその時ははかばかしい返事はしなかった。きちんと説明すべきだったかもしれないが、そのときは時間もなかった。

他人からできるだけ距離をとる社会

個別を通じて普遍に至るなどとは、あまりにも当たり前であろう。実際に、ある文科系の学者さんが、「個別と普遍なんて、古くから論じられた話題だ」と、別の人の議論を切って捨てるのを、以前に読んだ記憶が残っている。しかしすでにその時、この人は本気で個別と普遍の問題を考えたのだろうかと、疑問を感じた。というより、まったく考えていないじゃないかと、明瞭に感じた。文学なんて、個別を通じて普遍に至る典型だが、いまでは作家も学生も、そんなことは思っていないはずである。だって、話題そのものが切って捨てられるんだから。娘の長電話がいまではケータイのメールになった。相手に直面するより、電話のほうが遠い。メールの文字はさらに相手から遠のく。若者はできるだけ他人から距離をとり、個別に浸ろうとする。そういう個別はやがて死滅するしかなく、しだいにそうなっていくであろう。現にこの世間では、子どもの再生産が止まってきている。それを少子化といい、社会的条件を整えようという議論がなされる。それはたぶん見当はずれである。

普遍を志向しない社会が、個別性のなかにひたすら落ちていくのは、余りにも当然だからである。

こんなところで、そんな議論をしても、意味がない。そんな声が聞こえそうである。どこでしたって、じつは話は同じで、それをじつは普遍というのではないだろうか。

（2005年8月）

＊1　『方法序説ほか』（中公クラシックス）　デカルト　René Descartes

現実は小説のようには終わらない

今年もいろいろ本を読んだ。おかげで推理小説を読む暇が減った。なんと、まだ読まないで置いたままの推理小説が何冊も残っている。そういう始末を引き起こした犯人がいくつかあって、一つは伝記、もう一つは水滸伝である。

今年は伝記が当たり年だったと、私は勝手に思っている。**北康利**の**『白洲次郎　占領を背負った男』**[*1]、**筒井清忠『西條八十』**[*2]、**中島岳志『中村屋のボース』**[*3]、大きいものでは**鶴見祐輔『後藤新平』**[*4]で、これは復刻だが、とにかく大著である。伝記ではないが、佐藤優『国家の罠』も落とせない。それ以外にもまだまだある。こういうものは要するにノン・フィクションで、そんなものを読んでいたら、フィクションを読む時間が減るに決まっている。伝記を読むのとフィクションを読むのは、もちろんある種の食い合わせで、なかなか両方というわけにいかない。読む頭が違うような気がする。

フィクションのほうでは、**北方謙三版『水滸伝』**[*5]全十九巻、これを枕元に置いてしまったから、寝る前に他の本に目を通す余裕がない。その間にマンガも読まなきゃならない。**『カムイ伝』**[*6]が新装版になったりすると、いちおう目を通そうなどと思って、つまりは読んでしまう。

旅先で**『めぞん一刻』**[*7]を買って、ホテルで寝転んで読む。なぜそんなことをするかというと、笑いたくなったからである。世間には真面目な人が多くて、一生懸命そういう人たちとお付き合いしていると、ときどき無性に笑いたくなる。なにも理由なしに笑っていると、救急車のお世話になることになりかねない。やむを得ず、マンガを買ってきて、読みながら笑う。

笑える本とトボケ役

そういえば、笑える本が少なくなった。佐々木邦なんか、いまはだれも読むまい。読んだって、もう笑えないであろう。古典落語を読もうと思って、古本屋で買ってくるが、これも好みがあって、欲しいものにあたらないことが多い。真面目な本なら、いまでは内田樹氏の本がいくらか笑えるが、もともとお笑いではないから、笑うために読むというわけにはいかない。

推理小説ならもちろんクレイグ・ライスだった。ああいう笑いは、いまではやらないのであろう。映画でいうドタバタである。イギリスものに面白い作品があったが、どれだか忘れたから、二度と読めない。私はとぼけた会話が好きだが、それも減った。そもそもトボケが成り立つためには、社会の約束事がしっかり固定していなければならない。そちらが崩れたから、トボケようがなくなったらしい。以前は日本の政治家にも、トボケ役がいた。いまはもういない。

現実がフィクションに近づいてきている

先週、タクシーに乗って、運転手さんと話をしていた。

「同僚の葬式に行きましてネ」

とその運転手がいう。

「あたしの家は真宗ですけど、あちらは真言宗で。お坊さんが通りかかったから、なんの関係もないけど、いきなり訊いてやったんですよ」

なにを訊いたか。

「死んだら、どうなるんでしょうネ」

「そうしたら、坊さんがキッと睨《にら》んで、一言いいましたネ」

「死んだら、おしめーよ」

ここで私は笑ったが、たいていの人は笑う。運転手のコメント。

「あれはデキタ坊主だネ」

これもお坊さんというもののあり方が、ある程度は明瞭だから、笑える。世間には、まだいくらかは、そういう形式が残っている。それでも他の職種では、ほとんど「当然のあり方」が消えてしまったから、笑えなくなった。

そう思うと、自分が歳をとったなあと、また思う。終戦時に小学校二年生だった私でも、世間の業種にまだケジメがあった時代を生きてきたのだと気づく。いまやそんなものはない。だれが、なにを売っているのか、わかったものではない。まさに「冗談じゃない」という世界になった。

そこではフィクションが成り立ちにくい。そもそもフィクションかそうでないか、それをどう区別するのか、そこもわからない。だから推理小説ではなくて、伝記を読むようになってしまう。いわゆる現実が、ほとんどフィクションに近づいている。

ノンフィクションはいつ「完結」するか?

下手なフィクションよりも陰謀史観のほうが面白かったりする。9・11は無線操縦だったという本も読んだ。四機目は目標に到達しなかったが、乗客がケータイで地上と連絡を取ったという話がある。ケータイで地上と連絡は取れないはずだと、その本は書く。グラウンド・ゼロというのは、証拠ゼロの意味である。物的証拠をなくすために、さっさと全部、片付けたのだという。それなら犯人はだれか。ああいうことが可能なのは軍関係だけである。それが関与していたに違いない。そういう推測になる。これなら典型的な推理小説で、読んでいて結構面白い。いまの無線操縦なら、アメリカからオーストラリアまで無人で飛ばすことができる。ジェット機操縦の素人をいくらシミュレーターで訓練したとしても、あれだけのピンポイントの攻撃が可能か。

こんなふうに畳み掛けられると、うーんと素人は思う。ただし、推理小説と違って、面白くないのは正解が不明だという点である。小説なら絵解きをしないと、読者が逃げる。実際の世間に絵解きはない。絵解きがあっても、それ自体が信用できるかどうか、それがわからない。なんと、推理小説とは、その意味で「信用が置けるから、読まれる」ということに気づいてしまった。著者が出した正解が、否応なしに正解だからである。小説は完結するが、現実は完結しない。当たり前だが、それをあらためて思う。

伝記は主人公の死で、ともあれ完結する。だからノン・フィクションの癖に、フィクション味を持っているのである。ともあれ伝記には、「主人公が死ぬ」という正解がある。生きている人の伝記が受けないわけである。まだ正解がわからない伝記というのは、いささか問題があろう。人間の評価は棺を覆うて定まるというが、そう思えば当然である。人はどうなるかわからないもので、生きているうちは、危なくていけない。お年寄りに勲章を出すのは、周囲がもう大丈夫だと思うからであろう。これ以上、発展の恐れがないと見なされると、勲章が貰える。

「他人の頭」を通して書く

今年は、自分でも本を書いた。『無思想の発見』という表題である。日本人は無思想、無宗教、無哲学だと信じている。世論調査でも、「なにか特定の宗教を信じていますか」という質問に対して、七割以上の人が無宗教という項にマルをつける。自分は無宗教だと信じているのである。私はへそ曲がりだから、その無宗教の「無」って、仏教の無じゃないの、といおうと思った。そう思うと、どんどんそういう気がしてくる。そもそも南無阿弥陀仏や南無妙法蓮華経というときに、なぜ「無」という字を当てるのか。

それはともかく、真面目に書いた。そうしたら、コンピュータとお経の関係までわかってしまった。どうせほとんどの人はそんなことは信じない。そう思いながら書いていて、また気がついた。私は他人を説得しようという気があまりない。自分で納得できればいいのである。それだと、面倒な説明はいらない。ゆえに説明が簡単になってしまう。だからしばしば、話が飛ぶといわれる。本人にとっては、べつに飛んでいない。頭のなかでつながっている。でも、他人が読むと、つながらないらしい。

だから自分で書かずに、他人の頭を一度、通すことにすると、わかりやすくなる。不足の部分を他人がつないでくれるからである。なるほど、それで聞き書きにしたほうが、私の場合、本が売れるのかと思った。聞き書きにすると、私にしてみれば、話がくどい。でもある程度はくどくないと、読者にわかりにくいのである。そのバランスが問題なのだと気づいた。今度からは、親切に書こう。一瞬そう思ったが、具体的には無理である。文章というのは運動で、運動には一定のリズムがある。それを恣意的に崩すと、躓《つまず》くことになる。慣れたリズムをそう簡単には変えられない。

その上、もう一つ、問題がある。車に慣れると、歩くという運動をしなくなる。親切な文章ばかり読むと、不親切な文章が読めなくなる。でも短時間に多くのことを読もうとするなら、不親切な文章を読まなければならないはずである。それに慣れたら、易しい文章を読むより、効率が高い。頭の訓練になる。暗黙のうちにそう思っていたから、若い頃はむずかしい本を読もうとした。結果はどうだったかというと、難しい文章を書く練習にはなったと思うが、頭の訓練にはあまりなっていなかったと思う。頭の訓練になるのは、それじゃあ、なにか。あれこれ、自分で考えることである。

考え続ければ答えが降りてくる

自分で考えた文章というのは、いわばひとりでに、必要にして十分なわかりやすさを持っている。いままでは私はそう思うようになった。ある新しい考えを書き付けるとしよう。その考えを思いつく以前の自分には、そうした考えはなかった。だからその考えを思いつくに至る道筋をたどると、その考えを持っていない人に対する説明に、おのずからなるのである。しかもそれで必要にして十分なはずである。なぜなら自分はその経路を通って、その考えにたどり着いたからである。

とはいうものの、それは後からの説明である。考えはしばしば勝手に降ってくるように思える。ただし、よく反省してみると、答えが出ないなりに、その問題について、それまで自分が考え続けてきたことがわかる。なぜ考え続けてきたかというと、当たり前だが、その問題が気になるからである。なぜ気になるかというと、なぜなのか、自分にわからない点があるからである。つまりそこでは自分の頭に整合性が欠けている。気になるとは、私の場合、そういうことである。ところが、ある時点で、ある適切な考えを思いつくと、自分の頭がそれに従ってたちまち整理されていく。そう思えば、やはり考えが勝手に降ってくるのではない。降るべくして降ってきた。そういうしかない。「無」の話も、十年くらい、ぼちぼち考えているうちに、降ってきた。それで自分の頭の整理はつく。他人の頭が、それで整理されるかどうか、それは私にはわからない。そのあたりが、思想の面白いところだと、私はむしろ思うのである。

（2005年12月）

＊1　『白洲次郎　占領を背負った男』上下（講談社文庫）　北康利
＊2　『西條八十』（中公文庫）　筒井清忠
＊3　『中村屋のボース〔新装版〕』（白水Uブックス）　中島岳志
＊4　『正伝・後藤新平　決定版』全九巻（藤原書店）　鶴見祐輔
＊5　『水滸伝』全十九巻（集英社文庫）　北方謙三
＊6　『カムイ伝全集　決定版』全三十八巻（小学館）　白土三平
＊7　『めぞん一刻』全十巻（小学館文庫）　高橋留美子

第7章

日本と欧米

～なぜ日本人はダマされやすいのか～

「データ」をどう捉えるか

今回はダン・シモンズの『ダーウィンの剃刀』[*1]（ハヤカワ文庫）。これはなかなか面白い。解説によれば著者の兄弟が事故調査員をしているという。だから実話が含まれているのであろう。そこが単なる創作よりも面白い。話の大筋は、事故と大掛かりな保険金詐欺である。

アメリカ人というのは、なんともふざけた連中だが、それがよくわかる。酔っ払い運転で相手をひき殺した犯人がいう。避けるたびに、相手が目の前に現れるんだ、と。生き残ったほうが勝ちという世界だとは知っているが、まさにそうなのである。勝てば官軍、まさにダーウィン的世界である。

そのダーウィンと、このダーウィンは違う。そこがややこしい。主人公はダーウィン・マイナー氏で、進化論のダーウィンとは関係がない。表題の「ダーウィンの剃刀」とは、オッカムの剃刀をもじってある。主人公のダーウィンの言い草が語り伝えられて、業界ではそういう成語ができたという話になっている。「他のすべての条件が等しいとき、もっとも単純な解決法は、愚かな解決法である」。この本のダーウィンはそういう。オッカムは哲学の問題について、もっとも単純な解答が正しい解答だといったのである。たしかに神学論争を見れば、そういいたくなるのはわかる。

考古学者が書いたオウム本

主人公ダーウィンの仕事は、事故の復元調査員である。こういう仕事があることを、おかげで私ははじめて知った。航空機事故などで、事故が具体的にどのように生じたか、それを調べるわけである。この種の仕事は西欧文化に根付いている。典型的な自然科学的思考が必要だからである。

以前、竹岡俊樹氏の『「オウム真理教事件」完全解読』[*2]（勉誠出版）という書物を論評したことがある。竹岡氏は考古学者である。その人が、オウム真理教事件について、公表されたデータから、それがいかなる事件であったかを考え、それを一冊の本にまとめた。なぜ考古学者がそんなことをするのか。考古学者は、遺物として出土するわずかな断片、土器や陶器のかけらとか、台所のゴミとか、そういうものを利用して、過去の時代の人々の生活を推測する。その方法論はオウム真理教事件の「復元」にも、そのまま使える。

解剖学の手法で社会を分析する

実際に面白い本だったから、私は感心した。竹岡氏がフランスで考古学を学んだ人だということを同時に知った。つまりわれわれの文化のなかでは、学問におけるこうした「実証的」な態度が、どことなく欠けている。なにより専門家自身が、学問を方法論だと思っていない。私は解剖学を学んだが、解剖学の方法はじつはいたるところで使える。ところが専門家自身が、解剖学とは人や動物の構造を調べることだと思い込んでいるのである。人体や動物の死体はあくまでも対象であって、方法ではない。日本の学問は対象によって分類される。社会を「解剖する」のを、ふつうの人は単なるたとえ話だと思っている。そうではない。むずかしくいえば、解剖学の方法論で社会を分析することも可能なのである。それを世間では解剖学といわず、社会学というう。なぜなら学問を対象によって分類する癖がついているからである。社会を扱っているなら、解剖学ではなく社会学でしょうといわれてしまう。

逆に方法論でものごとを扱えば、この国では「何でも屋」といわれる。有効な方法論ほど、じつはなんにでも使える。多くの人がそれを知らない。自然科学とは有効な方法論であって、ダーウィン氏の事故の復元調査にも、典型的に使えるのである。

理科の勉強は役に立たないか

この本から具体的な例を引いてみよう。事故で車に轢《ひ》かれた例について、ダーウィンが吟味をする場面である。目撃者の証言があり、轢いた運転者の証言がある。さらに事故の現場の詳細な報告が残されている。そこでダーウィンのすることとは、車が被害者に衝突したときに、被害者がどのくらいの速度で跳ね飛ばされたかを計算することである。具体的な数値を含め、簡単な力学の方程式が提示され、計算がなされる。小説で物理式が出てくるのは珍しい。

日本の世間では、こうした計算は間違いなく物理の専門家の作業とされるはずである。まさか小説のなかで、計算問題まで解かれるとは思うまい。草地やコンクリートの道路の摩擦係数まで述べられている。それがないと、具体的な計算ができない。

いまの若者は、理科離れだという。じつは理科離れは、若者だけではない。大人も理科に関する常識がない。どうしてそういうことになったか、私は知らない。しかし、右に述べたことが原因になっている可能性は大いにある。つまり理科の勉強なんかしたって、面白くないばかりか、役に立たない。多くの人がそう思っている可能性が高い。なぜ役に立たないかは、すでに述べた。科学を対象つまり相手によって分類しているからである。きちんと方法論を身につければ、科学がいかに役に立つか、自分でわかるはずなのである。私だって、四十年近く解剖学をやったおかげで、推理小説の解説までできる。

研究は「まさか」があるから面白い

昆虫採集をしていますと私がいうと、文字通り昆虫を調べていると思っている。たしかに昆虫を調べているのだが、そこからわかることは、たとえば日本の地史である。いま私が調べているゾウムシなら、伊豆と箱根で種類がまったく違う。百万年足らずさかのぼれば、伊豆半島はじつは島だった。伊豆が島だったときの状態が、虫にまだ残っているのである。本土とくっついてしまったのに、虫はまだくっついていない。なぜそうなるか、それをまた考える。そういうことを考えるためには、虫のことばかり考えていても、答えが出ない可能性がある。伊豆は島だったなどというと、この国では地質学者と誤解されるであろう。

そんなことを考えたって、一文にもならない。そのとおり、虫自体は一文にもならないことはわかっている。しかしこの種の問題を考える方法は、やがて別の問題に使えるはずである。どういうことに使えるか。それがわかったら逆に面白くない。先の竹岡氏の例でも、考古学を勉強しているあいだは、まさか自分がオウム真理教のことを調べるとは思っていなかったであろう。「まさか」だから、面白いのである。あらかじめなにかの役に立つことがわかっている。そういう研究は、それだけのものでしかない。そういう研究が多いから、私はいわゆる研究が好きではない。

陰謀説に対する疑念

シモンズの本はこれまでにいくつかここでも紹介した。私は本書ではじめて著者の本音らしいものを知った。最初に日本に紹介されたのは、**『殺戮のチェスゲーム』**[*3]（ハヤカワ文庫）とかいう、ナチの生き残りの超能力者と、強制収容所を生き延びたユダヤ人の戦いを描いた作品だった。これは読み物として面白かったが、今度の作品は本音が出ているところが面白い。

たとえば著者は、一般的に陰謀説を否定する。典型はジョン・F・ケネディの暗殺である。そこはジェイムズ・エルロイとまったく違う。エルロイの『アメリカン・デス・トリップ』では、ケネディ暗殺の犯人はフランス人の傭兵である。シモンズはそんな陰謀はなかったという。ダイアナ妃の場合も、陰謀などはないという。あれはアメリカだったら、助かっていたはずだともいう。なぜなら道路の支柱は、ガードレールで囲うことが義務付けられているからだという。さらにシートベルトをしていたら、死ななかったはずだともいう。リムジンの場合には、シートベルトをしない人が多い。事故調査員の意見として書かれているから、べつに著者の意見かどうかはわからない。しかしおそらく著者の意見であろう。あるいは著者の兄弟の意見かもしれない。

データを重んじる英国人

なぜ英米人が実証的なのか、どういう意味で実証的か、それを私は調べたいと思っている。昨年の夏、私はロンドンにいた。環境省の依頼もあって、英国では博物学関係のデータがどのように処理されているか、それを調べに行った。自然史博物館、キュー植物園、ＣＡＢＩというカビの研究所などを歴訪した。世界の植物リストは、キューが作って公開している。カビはCABIに送れば、名前を付けてくれる。そういう研究所は日本にはむろんない。世界のカビの文献も、コンピュータ化されている。その仕事はCABIでやっている。そう述べたところで、それがどうした、と思われるだけであろう。カビに関する論文が出るたびに、そのデータをコンピュータに打ち込む。それだけのことだからである。しかし私が見に行ったとき、その仕事をある研究者が一人でやっていた。今年は予算がつかなかったから、仕方がないよ。その研究者はそういったのである。

わからない人はわからないだろうし、わかる人がわかるであろう。仮にこれが日本だったとすれば、データの打ち込みなんか、研究者の仕事ではないというと思う。さらに研究費が出なかったら、ふてくされてなにもしない。それで当然と周囲も思うはずである。だからこれは印象的だった。どう印象的だったかというなら、研究者がデータを扱うことを当然と思っていたからである。当然と思って当然なのだが、それが日本ではかならずしも当然ではない。ここに情報に関する価値観の多大の違いがある。

聞いた話だが、湾岸戦争でも、アフガンの戦争でも、英国と米国の特殊部隊が参戦した。なぜ英国の部隊が参戦するかというと、米国の部隊はじつは役に立たないのだそうである。特殊部隊の任務の一つは、現地の正確な情報を得ることである。それには敵地に深く侵入して、具体的なデータを取ってこないといけない。それができるのは、英国の部隊だというのである。そのために英国の特殊部隊は、人員の損耗が大きい。米国の部隊は死なない。死なない代わりに、役に立たないというわけ。ミサイルをぶち込むにしても、ぶち込む相手にそれだけの価値があるかどうか、それを知るには正確な現地の情報が必要なのである。

それでかつて米国が攻撃した、スーダンの薬品工場の話が、私にはやっと呑み込めたような気がする。米国は大使館テロの報復として、この攻撃を行った。化学兵器の製造工場だから、という触れ込みだった。ところが後になってみると、ただの薬品工場だったらしい。そのことは、言語学者のチョムスキーが書いている。報復だからどこでもよかったのだといえばそれまでだが、そういうときに現地の情報をきちんと取るのが英国人なのである。むろん日本人がそんな情報をとるわけがない。中国であれだけ戦線を広げ、挙句の果てに「点と線」と毛沢東に馬鹿にされたのである。

鳥がいなくなった理由

DDT公害で鳥の卵が孵《かえ》らなくなり、鳥がいなくなった。それがレイチェル・カーソンの有名な『沈黙の春』[*4]（新潮文庫）という書物になった。鳥の体内に蓄積したDDTのために卵の殻が薄くなり、卵がダメになってしまうのである。いつからそうなったか。それを知ることができたのは、英国にカモメの卵の殻を毎年集めて、その厚さを測っている人がいたからである。日本にそんな人はまずいないであろう。単に実証的といっても、その背景にはずいぶん奥行きがある。単に考えの角度をちょっと変えたり、思いつきでそうなるものでもない。もっと根源的な生活態度に関係している。右に述べたように、英国と米国でもすでに違うのである。
今月も私は英国に行く。自然史博物館にある、日本産の昆虫標本のリストを作ろうと思っているのである。一人で全部作れるとは思っていない。だれかが始めておけば、いずれは完成するはずである。そんなもの、一文にもならないだろうが。そのとおりである。しかし金だけ稼いでそれをなにに使うのか。稼いではみたが使い方がわからない。それが過去半世紀の日本だったのではないか。稼いだお金のかなりの部分が米国や中国に戻ったはずである。

（2002年2月）

＊1　『ダーウィンの剃刀』（ハヤカワ文庫）ダン・シモンズ　Dan Simmons
＊2　『「オウム真理教事件」完全解読』（勉誠社）竹岡俊樹
＊3　『殺戮のチェスゲーム』上中下（ハヤカワ文庫）ダン・シモンズ
＊4　『沈黙の春』（新潮文庫）レイチェル・カーソン　Rachel Carson

暴力と倫理

八月は仕事と夏休みを兼ねて、ベルリンとロンドンに出かけた。ロンドンの滞在が二週間になったので、暇つぶしに本屋で推理小説を買った。棚にはクライム・ノーヴェルとある。たしかにいまでは犯罪小説といったほうが、内容に合っている。推理なんかまったくしないで、最後までハラハラ読まされてしまう作品が多いからである。古典派の時代ではなくなったらしい。

平積みにしてあったのは、カナダの作家**ジャイルズ・ブラント**の『**悲しみを表す四十の言葉**』[*1]。イヌイットには雪を表現する四十の違った単語がある。それをもじって、雪ではなく、「悲しみ」にした。それなら悲劇かというと、そうでもない。主人公はアルゴンキン・ベイという町の警官ジョン・カーディナルで、マフィアとの関係を疑われている。警察の手入れがあるという情報が、なぜかマフィアに洩《も》れるからである。警察内部に漏洩源があるにちがいない。そこでひそかに内部監査が入り、担当の女性警官リズ・デロルムがカーディナルの相棒になる。相棒として行動しながら、カーディナルを調査するわけである。

カーディナルの妻は鬱病で入院している。娘はイェール大の美術学部に進学している。話は里帰りしていた娘が大学に戻るので、カーディナルが空港へ送っていくところから始まる。カナダの田舎警官が娘を合衆国の大学にやるのは容易ではない。金がかかる。奥さんの病気だって、かなりの負担になるはずである。このあたりが、主人公が絡んでいるかもしれない、不正の伏線になっている。

しかしカーディナルは刑事としては優秀である。彼が調査しているのは、十代の若者たちの行方不明事件である。リズが相棒になってただちに、島の鉱山跡から死体が発見される。行方不明者の一人、地元のネイティブアメリカンの若い娘である。冬のさなかで、死体は完全に氷に閉じ込められている。鑑識業務のために、氷を切り出し、氷ごと死体を運び出す。冬のカナダの風物が興味深く描かれている。

一方で連続殺人があり、犯人はわかっているのだが、その解決に読者の興味を持たせると同時に、他方で主人公の不正の事実やいかに、とハラハラさせる。真面目に捜査に取り組んでいる警官が悪い主人公では、読者が怒り出すであろうから、解決はちゃんと心配ないようになっている。著者はカナダ出身で、いまはニューヨークに住んでいるという。経歴がまだ短い若い作家だから、その点を考慮にいれれば、なかなかよく書けている。

サイバーミステリーとカナダ人の日本縦断記

平積みではないが、棚の目立つところに置いてあったのは、**ジェフリー・ディーヴァー**の新作『ブルー・ノーホエア』[*2]である。表題より著者名のほうが活字が大きい。もはやディーヴァーは、作品ではなく、著者の名前で売れる作家になったらしい。今度の主題はサイバー・テロである。ただし政治的な背景はなく、テレビ・ゲームの世界がそのまま延長して、連続殺人になっていく事件を扱う。ウィザードつまり天才ハッカーたちの角逐が主題になっている。追うほうも追われるほうも、いずれもハッカーである。まったくのプロの世界、素人にはとても真似できない行動が描かれる点では、いつものパタンといってもいい。ウィザードはもともと賢者、魔法使いの意味で、ゲームの世界では、魔法使いを指してよく使われる。「ブルー・ノーホェア」とは、サイバースペースのことである。

追うほうの探偵役は、今度は安楽椅子探偵ではない。国防総省のコンピュータに侵入した廉《かど》で、刑務所に入っている天才ハッカーである。コンピュータ犯罪を扱う部局長が、あいつでなければダメだというので、刑務所から連れ出されて犯人を追う。もちろん身の自由はない。そうした制限がかかっているという意味では、安楽椅子探偵に似ている。著者の初期の作品である『静寂の叫び』は、耳の聞こえない子どもたちを、犯人が人質にとる話だった。こうしたどこか不自由な枠組みを設定して、きわめて専門的な分野を上手に描く。それがディーヴァーである。あっという間に読まされてしまった。

ついでに旅行案内を買おうと思ったら、棚に『**ホッカイドー・ハイウェイ・ブルース**』[*3]というのがある。ついこれも買ってしまった。もちろんこれは犯罪小説ではない。島原の高校で英語を教えているカナダ人が、佐多岬から宗谷岬まで、桜前線を追いかけながらヒッチハイクするという話である。もちろん一種の旅行記である。全体が皮肉な調子で書かれており、日本を知っている外国人なら笑って読むであろう。私は苦笑しながら、とうとう最後まで読んでしまった。著者は**ウィル・ファーグソン**。日本人なら行かないような田舎町が出てきて、そこに登場する人たちがなかなか興味深い。逆に都会人はほとんどアホに見える。日本全体が世界の田舎だから、田舎の人のほうが外国人には面白いに決まっている。都会風の田舎者、つまり日本の都会人の鼻持ちならない面がよく書けている。

暴力を描いた物語

文庫はおびただしく読んだ。そのなかでの秀作は**ボストン・テラン**の『**神**[*4]

は銃弾』（文春文庫）。娘をカルトに誘拐された警官が、麻薬中毒を治療中の女性とともに、娘を取り返しにいくという設定である。この女性は以前はこのカルトに属しており、死んだと思われて放置され、たまたま生き延びてカルトを出ることができた。だからカルトの内情に詳しいのである。

カルトといっても、ごく小さな規模である。数人の仲間たちが、メキシコからアメリカにかけて、移動を繰り返すだけなのである。事件の発端も小さな田舎町で、そこの警察署長と町の金持ちが組んで、黒人の老婆の土地を取り上げたのが、ことの始まりとなっている。追及していくうちに事件の全体像がほぐれていくが、ことの真相はなんともやり場がない。だからその最終決着は「銃弾」なのである。読後にすぐ思ったのは、村上春樹訳の実話『**心臓を貫かれて**』[*5]（文藝春秋）である。暴力と殺人の因果をめぐる物語という意味では、小説も実話もない。ほとんど同じような雰囲気の話ではないか。私のなかでは、両者はほぼ完全につながってしまった。

文庫ではないが、**ジェイムズ・エルロイの『アメリカン・デス・トリップ』**[*6]

（文藝春秋）も、ケネディ暗殺をめぐる暴力の物語である。ラスヴェガスとモルモン教徒が登場するが、これも『心臓を貫かれて』と舞台がよく似ている。カルトとマフィアの違いはあるが、『神は銃弾』もまた同工異曲の暴力物語である。

アメリカ人と暴力

これを読んでまもなくニューヨークのテロ事件が起こった。ローマ法王は事態の平和的解決を呼びかけたが、おそらくだれも聞いていないであろう。テロという暴力はたちまち反テロという暴力を生み出す。ぬるま湯というわけにいかないのである。暴力を作品に描かせたら、アメリカ人に匹敵する国民はないであろう。暴力は人を惹きつける。

その魅力はどこにあるか。もともと私的な暴力とは、社会の枠組みの外にある。だから社会の枠外の行為、すなわち犯罪行為は、ただちに暴力と結びつく。それが単に力関係であれば、つまり単純に強いほうが勝つというのであれば、文学になるわけがない。お金と同じで、計算にしかならない。問題はそこではない。社会の枠外に出たところで、人間が社会関係を追求する動物であることは、逃れられない。そこには子どもがあり、家族愛があり、忠誠があり、友人があり、恋愛がある。暴力が一見支配するように見える状況下で、そうしたさまざまな人間性を描くのがアメリカ文学なのである。

　ここで挙げたような作品は、文学ではない。要するに大衆文学ではないか。そう思う人も多いかもしれない。しかし暴力を主題とする作品は、じつは現代アメリカに固有の文学といっていい。私はそう思う。アメリカ人はそれを書きたがり、またみごとに描く。右のように考えれば、それはあるいは当然のことかもしれない。日本の文学が面白くなくなって久しい。それは既成社会の枠内でものごとを描こうとするからであろう。暴力が社会の枠外だということは、それを書こうとすれば、必然として社会の枠を意識するしかない。しかも枠外の世界では、まさに「倫理」を考えざるをえない。

肥大化した脳が戦争を正当化する

倫理とは、もともとそういうものを指す。現代日本のように、国家公務員「倫理」法とか、東京大学のような教官「倫理」マニュアルとか、倫理という言葉に「法」や「マニュアル」が同居する世界では、じつに倫理に関する感覚はない。自分の一生は一度しかなく、すべての瞬間はふたたび戻ることはない。そうした不可逆の時間のなかで、一回限りの決定をするとき、その根拠となるものが「倫理」である。定義により、それは法やマニュアルのような、一般的なルールとは折り合わない。一回限りの事象、それを「決定する」判断に、本来的には一般性はない。しかしそこに「ある一般性」をあえて想定するとき、倫理という言葉が成立する。そうした一回性を描きながら、しかも一般的であるもの、それがもともと文学なのである。

暴力はいったん発現されてしまえば、不可逆という面が強い。とくに殺人は、被害者にとって、まさに一回限りの暴力である。私は戦争を憎むが、その理由は殺人の「一般化」にある。一般化され、正当化された殺人、つまり戦争に倫理はない。それをなんらかの意味で正当化する、つまり「正しい」と強弁するのは、奇怪に大きくなったヒトの脳だけであろう。

（２００１年10月）

＊1　『悲しみの四十語』（ハヤカワ文庫）　ジャイルズ・ブラント　Giles Blunt
＊2　『青い虚空』（文春文庫）　ジェフリー・ディーヴァー　Jeffery Deaver
＊3　『北海道ヒッチハイクブルース　桜追いかけ珍道中』（Fruitful English）ウィル・ファーガソン　Will Ferguson
＊4　『神は銃弾』（文春文庫）　ボストン・テラン　Boston Teran
＊5　『心臓を貫かれて』（文春文庫）　マイケル・ギルモア　Mikal Gilmore
＊6　『アメリカン・デス・トリップ』（文春文庫）　ジェイムズ・エルロイ　James Ellroy

ウチとソトの日本社会

ジェフリー・ディーヴァーの新訳は『エンプティー・チェア』[*1]（文藝春秋）である。『ボーン・コレクター』のコンビ、四肢麻痺患者のリンカーンとアメリア・サックスの三作目である。『ボーン・コレクター』が当たりすぎたから、二作目はむろん前ほどは面白くないだろうと予想した。読者はそういう意味では性質が悪い。たえず別な趣向を要求する。今度の三作目では、筋書きは二転三転を越えるから、なにもそこまで話をひっくり返さなくてもいいじゃないかと思ってしまう。前回触れた『ブルー・ノーホェア』では、むしろ筋書きの単純さが回復して、読みやすいともいえる。

今回の作品には「昆虫少年」が登場する。『コレクター』もそうだが、世の中は昆虫少年への偏見に満ちている。これは洋の東西を問わないらしい。今回も本人の善意からとはいえ、昆虫少年が若い女性を閉じ込める設定になっている。暗黙の背景は『コレクター』だとしか思えない。べつに昆虫少年が人を閉じ込める癖があるわけではない。

「虫屋」の話

私は昆虫少年だった。ただし本人たちはそんな表現は決してしない。仲間うちでは「虫屋」という。ここがなかなか面白いところである。虫屋がウチからの表現だとすれば、昆虫少年とはソトからの表現である。このウチソト関係が虫屋の場合には強いので、ソトからの虫屋に対する偏見が生じるのかもしれない。なぜ虫屋どうしがウチになりやすいかというと、たぶん仲間内でしか話が通じないからである。仲間内ですら、話が通じない。そういうことも、しばしばある。なにしろ虫の種類が多いからである。ソトの人になど、まして話が通じるはずがない。

たとえば私が昆虫少年だった頃といえば、昭和二十年代である。その頃の鎌倉の甲虫といえば、きわめて目立ったのが、松の枯れ木につく虫だった。

ウバタマムシ、クロタマムシ、クロカミキリがその典型である。こう述べたとたんに、ふつうの人には話がまったくわからなくなるはずである。そんな虫の名前なんて、聞いたことも見たことも想像したこともない。それでふつうであろう。あれだけたくさんいたこの種の虫が、いまはすっかり減った。松がほとんど枯れてしまったから当然である。それで私が寂しいと思ったところで、だれも同情などしてくれない。なんの話かと思うだけである。

昭和二十年代には、鎌倉は松枯れがひどかった。近年では広島を中心とする中国地方で松枯れがひどい。当時は松枯れのため、大きな松の切り株がたくさんあった。そこにはキマワリがふつうについていた。ただしこの虫は枯れ木さえあればどこにでもいて、いまでも多い。この前、わが家の台所にもいた。もっともこれは、ただのキマワリではなく、クロツヤキマワリだった。というふうに話を続けても、聞いているほうは相槌の打ちようすらないと思う。なにしろキマワリがどんな虫か、知る人はあまりいないはずだからである。松の切り株の皮を剥ぐと、チビナガヒラタムシが採れることがあった。これは面白い虫だが、虫の話題もここまで来ると、虫屋でも往生するに違いない。

日本社会特有の「世間」という世界

人間の話に戻る。日本ではどんなグループであれ、ウチソトが分離する。これはじつは世間の構造そのものである。まったく世間の外の人は、だから「外人」になる。世間とはじつは共同体で、日本最大の共同体は日本国である。その家長が天皇だということは、いうまでもあるまい。その意味では、天皇は政治という機能のトップではない。共同体はそもそも機能体ではないからである。だから天皇とは統治という機能のヘッドではない。まさに共同体の「統合の象徴」である。

虫屋もグループ、日本語でいうなら業界を作る。この業界では、儲かることはまずないから、その点がふつうの業界とは違う。しかしおおむね金にならないことを除けば、かなり業界に似ている。業界とは関心を共にし、ウチではは利害がしばしば相反し、ソトに向かっては利害が共通する事業者の集合である。だから利益団体と呼ばれることもある。その内部が世間、つまりウチである。外の大世間と比較すれば、ずいぶん小さいが、いかに小さくても世間は世間である。小世間と大世間はよく似ている。大世間のなかに、入れ子になって小世間がつぎつぎに入っている。こういう構造を、数学ではフラクタルという。日本社会は世間のフラクタル構造からなっている。

そんな社会学を教える人はいない。しかし世間という言葉自体が、社会を意味する日本固有の表現である。それならなぜ社会といわないか。ウチから社会を見たときに成立する表現が世間であり、ソトから見たときに成立するのが社会なのである。日本の世間に、外の世間がじかにぶつかることはなかった。それなら社会という言葉は不要だったはずである。つまりすべての日本人にとって、社会とはウチから見たものだった。だから世間という言葉があって、社会という言葉は明治に入って西欧の文献を翻訳するときの造語なのである。だから社会をひっくり返せば、会社になる。これもその頃の造語である。

「自称」のウチソト問題

ウチの人とソトの人では、取り扱いのルールが違う。だから人間に対する表現も違う。ウチの人とは、つまりメンバーズ・クラブの会員である。会員同士は自分が属するクラブ、つまり小世間の暗黙のルールに従う。だから自分たちを表現するときに、たとえば虫屋という。その言い方はソトでは通用しない。逆にソトの言い方は内部では通用しない。この種のことは世界中にある。人間は共同体を作るものだからである。

本屋とか魚屋とかいえば、それは客観的表現、つまり外部からの表現ともとれる。しかし自称でもある。魚屋がなにを売るか、それは魚屋に任されている。ウチは魚屋だというのは、意外に強い自己主張になりうる。ウチは魚屋だから、野菜は売らない。そういう表現では、魚屋は明らかに自称になっている。客のほうからすれば、どうせ食料品を売るのだから、野菜を売ったっていいじゃないか、と思う。現にスーパーはそうなっている。だからスーパーができてくる世界では、もはや古い小世間は崩壊している。そこでは世間が別な形で再構成されていくのである。

世間は決してなくならない

世間の構造はきわめて強い。だからこれはなくならないと私は思っている。日本社会が「近代化」したから、世間はしだいに消えていく。そう思うのがふつうだろうが、私にはそうは思えない。サラリーマン社会とは、ある意味では古典的な共同体の再生産である。近代的なビルにいて、パソコンを扱っているから近代人かというなら、共同体は簡単には壊れない。機能体と共同体は別で、仕事上の要請は機能体の分担だが、それ以外のこと、とくに人事は共同体の持分となることが多い。年功序列とはじつはそのことである。日本の組織が完全な機能体になることは、まずない。典型的な機能体のはずの軍隊が、かつて共同体になってしまった歴史を見ても、それがよくわかるはずである。

安部公房はなぜ試験にパスしたか

日本的共同体については、私よりも読者のほうがよくご存知のはずである。私はいつの頃からか、業界から外れてしまった。いまでもどこの業界にも混ぜてもらえない。作家の安部公房氏は東大医学部の先輩だった。私は後輩だというので、たまに出会うと、なんとなく親しくしてもらっていた覚えがある。あるとき酒を飲みながら、自分の背景が理科系だから、いわゆる文壇にはなんとなく親しみがなくて、とこぼした。右のような表現をすれば、安部氏は生粋の文壇人、つまり業界人ではなかったのである。学生のときから作家を志し、卒業試験の時にはすでに最初の短編集が出版されていた。

この卒業試験は伝説になって残っている。医学部の試験は当時、口頭試験だった。産科の卒業試験のときに、安部氏はほとんど答えられない。教授のほうはなんとか通してやろうという含みもあるから、だんだんやさしい問題になる。人間の妊娠月数をいってみろと最後にいわれたので、二年ですと答えたという。それまでの質問に答えられなかったので、ほとんどヤケの返答だったのであろう。そうしたら卒業したら、お前はどうするつもりだと教授が尋ねる。そこで作家になりますと答えた。そうしたら教授が、作家の生活がいかに大変か、自分の知り合いの例を挙げて何分間か懇々と諭した。それでもお前は作家になるかと訊くから、なりますと答えた。そうしたらまた何分間か、作家の生活の辛さについて諭された。挙句のはてに、それでも作家になるかとまた訊くから、なりますと答えた。そうしたら教授が、それなら試験は通してやろうといったというのである。この話が要約されて、医者にならないという条件でなら試験を通してやるといわれて、試験に通ったという伝説になったという。本人が正確に伝えるからと、私という後輩に丁寧に説明した話だから、私の説明がたぶんほぼ本当だと思う。それでも本人と私の記憶違いが当然入っているはずだから、まったくの事実とはいわない。

「塀の上」を歩く人

自分が業界人ではないことは、いわゆる専門を書類に記入するときに困るからわかる。職業は大学教授で通るが、専門はと訊かれたとたんに往生する。「小説推理」に原稿を書いている専門家とは、そもなにか。大脳生理学だと勝手にきめる人もある。そんなことはやった覚えがない。解剖は数十年やったが、もう卒業した。あとは解剖されるだけである。

学会を含めて、いろいろな団体に所属しているが、要職についたことはない。つまり子どもの頃によくいった「オミソ」である。まだウチの人にはなっていない。そういうあいまいな、ウチとソトの境界になっている塀、その上を歩いている人なのであろう。塀よりなかに落ちれば業界の人、ウチの人になる。塀の外に落ちれば、無関係のソトの人になる。

個人的には塀の上が好きなのであろう。ウチやソトより、景色が少しいい。しかし問題は、足元が不安だということである。塀の内なら周囲と一蓮托生だし、外なら私には関係ないで済む。塀の上は、両側に関係があるような、ないような、いつどちらに落ちるかという、いささか不安定な世界である。田中元首相のときには、これが刑務所と世間の境の塀だった。私はそんな大物ではないから、塀も小さな塀である。しかし世間はすでに述べたようにフラクタルだから、大きかろうが小さかろうが、基本は同じことであろう。
文庫本は相変わらずたくさん読んだが、あまり記憶に残っていない。この原稿を書こうと思って、十数冊を目の前に置いてあるが、表紙を見ても梗概を読んでもほとんどなにも思い出さない。まだ二ヶ月経っていないのである。どう考えても、ボケがはじまっているという感じがする。ハードカヴァーではデニス・ルヘインの『ミスティック・リバー』[*2]がまだ残っている。扶桑社の新しいミステリー・シリーズも、ほぼ欠かさず読んでいる。おかげでほとんど忘れてしまった。読みすぎるから区別がつかなくなるのかもしれない。

（2001年12月）

*1 『エンプティー・チェア』（文春文庫） ジェフリー・ディーヴァー Jeffery Deaver
*2 『ミスティック・リバー』（ハヤカワ文庫） デニス・ルヘイン Dennis Lehane

第8章

日本社会の形

～「政治」で世の中はよくならない～

塀の上からの視点

講演のあと、ある会合に出なくてはならなかった。会合の場所に時間前に行き、椅子が並んでいたから、そこで横になったら、ぐっすり寝てしまった。講演で疲れたせいもあるし、朝っぱらからネコに起こされて、睡眠が足りないということもある。イビキかいてましたよ、といわれたから、間違いなく熟睡していたのである。若いころに、そんなことはまったくなかった。なにしろ「男子ひとたび門を出れば、七人の敵あり」だから、ぐっすり寝込むなんて、とんでもないことである。こりゃもうダメだ、と思った。

死が近づくと心配事が消えていく

寝る代わりに、死んでいたとしても、べつに不思議はない。あれで目が覚めなかったらもう死んでいるわけである。なるほど、こうしてだんだん死に近づくのかと、妙に納得した。寝ていた時間は記憶のなかに存在していない。それは若者でも同じだが、若者は存在しなかった時間を消すことができる。人生は連続したものだと、思い込めるのである。

私の年齢になると、人にもよるだろうが、人生は不連続である。人生のある時期のことは、思い出すよすががないと、まったく記憶から外れている。そのころのことをいわれると、「あれは別な人です」といいたくなることがある。私だって真面目に勤めに出ている時期もあったが、そのころになぜあんなに心配事が多かったか、いまではまったく理解できない。死がより現実的になるということは、そういうことであろう。心配したところで、死んだらどうなるものでもない。歳をとることの利点は、おそらくそこであろう。二十年先を気に病んだところで、死んでいる可能性のほうが高いのである。過去についても、似たようなものである。後悔したところで、いまさらどうなるものでもない。死んでしまえば、後悔する当人もいなくなる。

年寄りを吹き飛ばせ

いまの世の中を見ていて、なんとなく思うことがある。なぜこんなに年寄りがはびこっているのだ。どちらかといえば七十歳に近い人たちが世間の中枢にあって、メディアで悪くいわれたりしている。私もその年齢だが、もはや公職はない。まったくの私人である。それで当然で、そもそも世間の真ん中に出る体力なんかない。山奥で虫を捕っているくらいがせいぜいである。公職にあるお年寄りは、行き掛かりで世間に出ずっぱりになったのかもしれないが、それならお気の毒というしかない。

日本の近代史で、この国の元気がよかった時代が二度ある。一度は明治維新、二度目は終戦後である。わかりきったことだが、両方の時期ともに、若い世代が社会の中心にあった。明治はそれで仕方がなかったし、戦後は追放があった。それでいいので、乱暴な言い方をすれば、この国を元気にするには、公から年寄りを吹き飛ばせばいいのである。具合の悪いことも起こるだろうが、元気が出ることだけは間違いない。日本の出生率は世界でも指折りに低い。そりゃ当たり前で、年寄りは未来がないのだから、そういう人たちがトップに立っていれば、自然に未来はなくなる。

「自分の子どもは、自分が生きた時代よりも、悪い時代を生きる」。数年前の調査だが、アンケートにそう答えた人が八割あったという。若い世代に聞くと、やはり八割が未来に希望を持っていない。それなら徹底的につじつまが合っている。親は未来を悲観しており、子どもは未来がないと感じている。それが日本人の八割である。未来がないと思うなら、創りゃいいじゃないか。アンケートに「子どもたちは悪い時代を生きる」と書く親も親なら、未来がないといっている子も子である。それでもどちらに「より責任がある」かというなら、親であろう。子どもによい未来がないと思うなら、なぜよい未来をもたらすよう、努めようとしないのか。いまの世の中を作ったのは、若者ではない。

社会の縮小再生産

親はいつまでたっても、子どもを頼りなく思う。私の母もそうだった。五十を過ぎて、大学教授をやっていても、お前だけは心配で、と顔を見るたびにいわれた。そのくせ、オーストラリアで虫を捕っているテレビを見て、子どものときと同じ顔をしていたじゃないかといい、それで安心したといった。つまり自分の理解できる範囲に子どもが入っていれば、安心だということなのである。それなら世間は縮小再生産になってしまう。親の範囲内に入る子しか生じないではないか。

社会も同じであろう。上の世代は、下の世代を見て、あれが足りない、これが不十分だという。下の世代の方が優れている部分があれば、それは理解しない。当たり前で、上の世代にはそれが「ない」以上は、「わからない」はずなのである。そもそも自分の時代になかったものを、評価する能力はない。

それだけではない。若い世代が無責任に見えるのは、責任を持たせないからでもある。責任を持てば、若者はそれなりに育つ。年寄りは助言者であって、自分が代わりにものをやってしまったのでは、若者の教育にならない。獅子はわが子を千尋の谷に突き落とす。いまどきそんなことをしたら、無責任な親だとただいわれるだけである。

死は自然に近づくこと

私は勤務を辞めてから、元の勤務先にほとんど行ったことがない。べつに恨みつらみがあるわけではない。来られたほうが、さぞかしうっとうしいだろうと思うのである。私のほうからすれば、死ぬ練習である。そもそも死んだら、行かれない。それなら死んだと思ってもらえばいい。こうやって徐々に死んでいけば、最後には本当に死ねるであろう。

それがいちばんできない相手が、毎日暮す家族である。家族を相手に、死ぬ練習はむずかしい。意識させても嫌味になりやすいし、まあ、だんだん弱って、見るからに年寄りになるしかないであろう。つまり社会的にまず死んで、最後に家族と死に別れる。

世間には世間の価値観がある。それに縛られていると、個の人生がなくなってしまう。世間は公で、どこかでその公から離れなければならない。なぜなら、死は強制的に「公からの離脱」を導くからである。世間は自然ではなく、約束事である。死は自然で、それなら死に至るまでには、自分が自然に近づいていなければならない。さもないと、自分の側か、相手の側に、無理が生じるはずである。そう思うと、西行や芭蕉の時代を思うことになる。それは私が日本人だからであろう。出家というのは、おそらく世間と縁を切ることである。いまはお坊さんは社会的業務で、そう思ったら、世間と縁を切るどころの騒ぎではない。出家遁世というが、遁世とはつまりホームレスであろう。若者がホームレスをいじめている世の中で、出家遁世もクソもない。

どうしてこうなったか、そんなことを考えている。それで本を書こうと思って書き出したら、いくらでもいうことがある。ということはしかし、読む人がないということであろう。際限なく書かれたら、読むほうが飽きてしまう。これも年寄りの癖かもしれない。つまりは過去の話だから、愚痴になるに違いないのである。

世間の基本原理

講演を終えて、会場の外でコーヒーを飲んでいたら、近づいてきた若い人がある。若い人といっても、私から見ての話で、聞いてみればある大学の教授だという。ただし韓国人である。韓国の大学の教授ではなく、日本の大学の教授である。「先生のお話を聞いて、はじめて日本がわかりました」という。いろいろ話すエピソードを聞いていると、じつによく理解できる。笑っては悪いが、笑いながら、そりゃこういうことだと、説明してあげた。たとえば、自分がやりたいことができないんだがという類のことを学長さんにこぼすと、あなたみたいに能力があって、企業からも研究費が取れる人なら、どこの大学でもやっていけるでしょうといわれた、という。そりゃつまり俺や周囲に迷惑をかけないで、大学から出て行ったらどうですかと、間接的にいってるんだよ、と説明してあげた。

講演では、日本の世間の基本原理はなにか、それを私は話したのである。世間の原理をいわば「客観的」に話せるということは、あるていど世間を知ってはいるものの、いまの世間に十分には取り込まれていない場合である。つまり変なお雇い外国人とでもいうべき人であろう。この歳になって、私は自分をそう定義しているのである。完全に外人であれば、おそらく世間というものは、当人の理解の外にある。「外人」とは、まさにそのこと、つまり「世間の外」という意味だからである。世間の外なら客人で、客人を本音で扱う人はない。

塀を別の場所に移す

私の場合には、ともあれ日本人だが、いわば世間の塀の上なのである。塀の外に落ちれば外人で、中に落ちれば世間の人である。塀の上の人はどう表現すればいいか、よくわからない。私自身がどのくらい「外人」かというと、かつてドイツ人と日本人の喧嘩の仲裁に出て、ドイツに手紙を書いたことがある。その手紙をドイツの教授が読んで、なんと評したか、手紙を受け取ったドイツ人が伝えてくれた。「この男はヨーロッパ人よりヨーロッパ人らしい考え方をする」といった。そういうのである。

べつに自慢話でもなんでもない。私は本音を書いただけで、もちろんただの日本人である。それを「ヨーロッパ人よりヨーロッパ人らしい」というのは、ヨーロッパ人の世間の狭さである。人間というのは、どこでも同じことを考え、感じるんだなあというのが、この「問題」の正解であろう。ただしそのためには、ときどき塀の上に座ってみる必要がある。塀の上の視点とは、塀の外も塀の中も「見える」視点だからである。

世間で成功しようと思うなら、どこの「世間」であれ、その世間の塀の中に座り込む必要がある。公職で成功した年寄りとは、ふつう世間の中に座り込んで動かない人なのである。それがどかないから邪魔だというのなら、方法は二つある。年寄りをつまみあげてどけてしまうか、世間の塀を別なところに移してしまうことである。

年寄りをつまむと、痛いとか、失礼だとかいうであろう。それならおそらく、二番目が正解である。いつの間にか、塀が移動してしまった。それはつまり世間のルールを変更するということである。

これはずいぶんラディカルな提案に聞こえるかもしれない。しかし若者が元気だということは、そういうことなのである。それが本当にいいか悪いか、そんなことは知らない。

しかしこの韓国の先生もいった。「日本という国はなくなるんじゃないですか、だって子どもがいないんですから、ところで私は三人の子持ちです」、と。

子どもがいればいいというものじゃない。しかし確実なことが一つある。子どもがいなければ、その社会の未来はないということである。

（2005年4月）

石油なんてなくていい

今日は山形県の山辺町から、東京を通り越して、静岡県の清水へ行き、鎌倉の自宅に帰ってきた。昨日は福島市に行き、それから山形市に行った。その前日は自宅にいたが、そのまた前日は長野県の飯田に行った。でもそのまた前日は、滋賀県の草津から大阪に行った。大阪から飯田に行ったわけである。その前の三日間は箱根で過ごして、その前は京都から亀岡に行き、さらに奈良に行った。その前日は自宅から京都に行ったが、そのまた前日はバンコクだった。その前日はバンコクでクーデターだった。

わざと遡って面倒に書いたが、要するにまず飛行機でバンコクに行き、そこから車でタイ東北部のコンケンに行き、そこで三日過ごして、クーデターの翌日にバンコクに戻り、次の日に日本に帰った。その翌日は京都、次は亀岡から奈良、自宅に帰って翌日は東京で仕事、それから三日箱根で過ごして、また東京、それから滋賀県の草津から大阪、翌日は大阪から飯田、夜は東京でテレビの仕事、一日休んで、福島から山形、翌日は山形から清水というわけで、それが私のふだんの日程である。明日は東京に行く。行きたくないけど仕方がない。どうでもいいことを引き受けるから、こういう始末になる。

移動時間で読むスティーヴン・エリクスン

その間になにをしているかというと、新幹線の中で本を読む。真面目な本はいろいろあるが、そんなものを紹介しても仕方がない。秋は季節柄、各賞の選考が引き続いて、本をいくつも真面目に読まなければならない。候補作を公表しない賞も多いから、この時期は本の解説推薦はやりにくい。受賞した作品についてなら遠慮は要らないが、そういう作品に対しては公式にコメントを書くことが多いから、よほどいい残したことが多くないと、もう触れようという気が起こらない。

その意味ではまったく無害で、勝手に読んでいるのは、外国もの、またもやファンタジー。**スティーヴン・エリクソン**[*1]のシリーズを読み始めたから、まだ終わらない。ペイパーバックだけで五冊あって、いま四冊目を飛ばして、五冊目を読んでいる。飛ばしたのに理由はない。たまたま買うときに、一冊を飛ばしてしまっただけである。しかし読むのに差し支えはない。なぜなら一冊ずつ、いわば読み切りに近くなっているからである。くなる必然性がある。著者インタヴューによれば、十年で十冊を予想していたらしい。五冊目は時代を遡ってしまって、前の四冊では歴史になった時代を描いているから、この調子で行くと、著者はこのシリーズを、やろうと思えば、一生書いていられるに違いない。

ファンタジー世界の約束事

最初に読み始めたときは、よほど放り出そうかと思った。なんだかむずかしい。英語がとくにむずかしいというわけではない。文体を飲み込んでしまえば、そうややこしい表現はない。登場人物たちが厄介なのである。ファンタジーだから、人間だかどうか、それがはっきりしない連中がいろいろ出てくる。ドラゴンも出てくるが、このドラゴンが人間の形をとったりする。ていねいに読んでいかないと、なんで人間がドラゴンなんだということになって、話が通じなくなる。古い神々つまり八百万《やおよろず》の神も現れる。二巻目までは人間だとばかり思っていた快楽主義者のお喋り肥満中年が、じつは古い神々の一人だったりする。不死の種族もふつうに出てくるし、もちろん魔法も出てくる。

読んでいるうちに、この世界の約束事がだんだんにわかってくる。そうなると、やめられなくなって、とうとう五巻目なのである。やっていることといえば、戦争、復讐、金儲け、歴史を書くこと、その他もろもろ、気持ちがいいのは、恋愛がまったくといえるほどないことである。イギリスの出版社から出ているから、著者はイギリス人だと思ったが、調べてみたらカナダ生まれだった。ただしイギリス滞在が長い。アメリカだと、恋愛や性描写がないと、編集者が受け付けないいんじゃないか。いつもそれを疑う。その代わりというか、なんで歴史を書くことが入ってくるかというと、著者の背景は考古学、歴史学なのである。三巻目までのマラザン帝国には、中国と同じで、正史を書く仕事が出てくる。この仕事は正規に帝国に認められた地位だから、歴史家は戦場に出かけ、自分もそこに参加し、正しい記録を残そうとする。いまでいえばジャーナリストと歴史家を兼ねることになる。二巻目の主人公の一人はこの歴史家である。巻の終わりに殺されてしまうが、たぶん生き返るはずである。そういう伏線になっていることがわかる。

物語に潜むメタファー

ファンタジーの面白さの一つは、描かれた状況の中で、どういう行動が起こされるかであり、それによって倫理観や社会に対する著者の見方が語られることである。いわゆる純文学よりも、そういう点がいわば露骨に書かれるのが面白い。ああこれはアメリカ人だなとか、中国人じゃないかとか、モデルが見つかったりする。それも読者が勝手に想定していいのだから、下手な文学より面白いと私は思う。英米系のファンタジーは意外に大人の文学である。日本の時代小説に近いと思えばいい。時代小説よりさらに状況の設定が自由だから、著者の力量さえあれば、じつに面白いものになりうる。村上春樹だって、ファンタジー的ではないか。エリクソンのシリーズはその意味ではよくできている。魔法もけして中心的な役割を演じていない。むしろその地位が適切だというべきであろう。現代社会でいうなら、化学兵器とか、原爆とか、要するにそういうものだと思えばいいように書かれている。

状況の設定についていうなら、著者の経歴は、ロールプレイング・ゲームに始まるらしい。私はヒーローズというゲームを十年近くやっているから、ファンタジーのキャラクターには、ほとんどなじんでいる。こうしたゲームのシナリオを書くことから、著者のシリーズが始まったとすると、最初なじみにくかった理由がわかる。ゲームに慣れるのは、客のほうの努力であって、かなりの時間を使わないと、じつはゲームに習熟しない。面白みがわからないのである。

もう一つ、登場人物?の数は莫大だが、明瞭な善玉、悪玉の区分はない。著者もそれを意識している。これは重要なことで、アメリカものでは、しばしばそこが単純化されている。勧善懲悪は文学としてはダメで、読むほうが楽だというだけのことである。読者が楽をしないことが、文学が本当に面白くなるための条件なのだが、その要求をあまり厳しくすると、今度は読者の数が減ってしまう。読者はしばしば怠け者だから、このあたりはエンターテインメントとしての文学が苦労する正念場であろう。

やってみなけりゃわからない

著者インタヴューから、言い分を少し紹介してみよう。

「考古学はいつだって、ローカルで特殊なものから始まる。そこから地域の生活、信仰、文化的特性などを理論的に推測しても、あまりアテにはならない。顕微鏡を使う仕事なら安全だけどね。歴史の詳細は霧の中で、そこにちょっとした動きがぼんやり見えたかと思うと、すぐ消えてしまう。でもそれがロマンというものじゃないですか。マラザン帝国という世界を描くことは、歴史という神秘、その魅力を、なんとか映し出そうという試みなんですけどね。」

「考古学なんて、想像力に課せられた制限ですよ。ある限度以上に行っては いけないからね。雨の日にレンタカーで、スコットランドの海岸まで行くと するでしょ。岩だらけの浜に面して崖がある。崖を降りながら、地面をつい 目で探索してしまう。考古学者としての年来の体験があるからね。滑らかな 石が雨に濡れているだけで、なにもない。近辺に遺跡として知られる場所が あるわけでもない。でもまっすぐ歩いていくと、波打ち際で新石器時代の手 斧を拾ってしまう。そういうことが始終起こるんですよ。それを手に持って、これはなにか、いつごろの時代のものか、どのくらい使われていたものか、そのていどのことがすぐにわかります。でも、そういうことなんて、いわば 入り口の扉に過ぎない。その先については、まさに想像力がいるんですよ。これを最後に持った手がある。それも三千年前でしょ。その人がこの浜を歩 いた。今の時代がわれわれにあるように、その人にはその人の時代があった。

そういう思いと感覚、そこから私の作品が生まれるんですよ。」

よくわかりますな。著者が考古学を勉強したのは、ムダじゃなかったわけである。それはわかりきったことだが、ファンタジーを書こうと思って、考古学を学ぶ学生はいない。いないだろうと思う。人生とはそういうものである。いまの学生は、いまの自分に考えられる範囲で将来を考えようとする。将来なんて、ただいま現在の自分に考えきれるものではない。「やってみなけりゃ、わからない」のである。大人がそれをいうと、今度は「無責任だ」と叱られる。どうしようもない世の中ですな。

石油に頼らない生活を目指そう

最近は本当に便利で、インターネットを引けば、著者インタヴューは読めるし、経歴はわかるし、本は買えるし、これでは読者はダメになりますわ。楽をすると、その分、どこかで元を取られる。それを東工大の先生で、ロボット学会の会長だった森政弘氏は「機械を丈夫にすると、人間が壊れる」と表現した。至言ですな。

いまの世の中、どうしたらいいか。そんなこと、単純なことだと私は思う。石油が切れてしまえばいいのである。石油が切れたら、バブルみたいなアホなことは、起こりにくくなる。「人間が壊れる」状況が起こりにくくなるのである。私は石油切れを待って、せっせと車に乗り、飛行機に乗る。石油をどんどん浪費するのである。

それでも石油がなければ大変だとか、心配だとか、まったく思わない。だって私が育った時代には、まさにそんなものはなかったからである。それならそれが暗い時代だったかというなら、ひょっとするといまより明るかったかもしれない。そもそも石油がなければ人一人の力は相対的に大きくなる。人権だとか、生命尊重だとか、なぜわかりきったことをわざわざいうかといえば、じつはそういうものが欠けてきたからであろう。どうしてそうなったかというなら、石油の力に比べたら、人間の肉体の力など知れたものに思えるからである。つまり人間の能力が安っぽく見える。それだけのことではないか。

石油さえなければ、イラクの人々があれだけ苦労することもなかったはずである。隣のヨルダンを見ればわかる。それならいま石油があるからといって、それが不可欠だなどと思わなければいい。そもそも大日本帝国は石油の禁輸を食らって、戦争に踏み切ったのである。石油の出ない国が、軍備を石油に頼って、それが切れたらどうするなんて、考えてなかったのか。そういいたくなりませんかね。それならいまからでも遅くはない。ないものと思えばいいのである。たまたまあるから使うけど、なくたって困らないよ。そういう暮らしが可能なはずである。

それとファンタジーはどう関係するか。ファンタジーの世界に石油はない。ないほうが面白いんですよ、世界は。

（２００６年10月）

＊１　「マラザン斃れし者の書」（ハヤカワ文庫）　スティーヴン・エリクソン　Steven Erikson
「マラザン斃れし者の書」　Ⅰ　『碧空の城砦』〈1〉～〈3〉

「マラザン斃れし者の書」＝『砂塵の魔門』〈1〉～〈4〉

「Malazan Book of the Fallen」（Tor Books）　Steven Erikson

『Gardens of the Moon』

『Deadhouse Gates』

『Memories of Ice』

『House of Chains』

『Midnight Tides』

『The Bonehunters』

『Reaper's Gale』

『Toll the Hounds』

『Dust of Dreams』

『The Crippled God』

母親と父親のすれ違い

しばらく連載を休んでいたら、読んだ本がたくさん溜まった。溜まったのはいいが、読んでから時間を置いたので、中身をみんな忘れてしまった。だからコメントの書きようがない。

たとえばの話、ジョン・グリシャムの『テスタメント』は、奥付によると一九九九年一月末に出ている。それなら、今年（編集部注：二〇〇一年）の二月に読んだはずである。しかし、なんとなくというしか、中身を記憶していない。半年経つと、これだけ面白い、記憶に残りそうな本でも、もう内容を覚えていない。ということは、私個人が単に歳をとったから、というだけでもなさそうである。むしろ病的な現象、つまりたとえばアルツハイマーの始まりではないか。それを疑う。

襲い来る睡魔

このところあまり本を読まなくなった。理由はたぶん、虫捕りである。昆虫採集をしていると、本を読まない。それはあたりまえで、いくら私が歩きながら本を読むのが得意だといっても、昆虫を捕りながら本は読めない。では夜になったら読めるかというと、夜は捕った虫の整理をしているから、ますます読めない。通勤時間はどうかというなら、虫のおかげで日曜祭日休みなしに働いているから、電車のなかでは眠る。

若いときは、電車のなかでほとんど寝たことがない。電車で眠くなるときは、寝不足に決まっていた。二時間とか、三時間しか寝ていないと、もちろん電車のなかで眠くなる。そうでないとき、つまり前夜十分に寝たときには、電車内ではまったく寝ない。だから電車のなかでは、本をもっぱら読んだ。

ところが、である。前夜仮に八時間寝たとしても、最近は電車で眠る。電車に乗ると、眠るようになってしまったのである。どうしてか、それがわからない。歳のせいだというしかない。たしか六十歳を過ぎてから、そうなったと思う。もちろん本も読む。読むが、読んでいるうちに、寝てしまう。そのかわり、朝早く目が覚めがちになる。夜更かしをしようと、早寝をしようと、関係がない。朝になると、目が覚めてしまう。どう考えても、年寄りの生活パタンになりつつある。気に入らない。

子どもたちから受ける刺激

数日前、保育園の子どもたちを連れて、近所の山に虫捕りにいった。夏冬一回ずつ、このところ恒例にしている。なんでもいいから虫をとって、お昼までに帰ってくる。それでいろんな話をしながら、子どもたちと給食を一緒にする。今年は三歳児と四歳児だった。

この日の夜は、たいへんよく眠れた。早く眠れただけではない。翌日も目が覚めず、八時間、久しぶりに熟睡した。年寄りは子どもと付き合うといいらしい。そもそも身体を使う。自分だけだと、こんな原稿をパソコンに向かって書く。椅子に座っているだけだから、まったく運動にはならない。子ども相手だと、いやでも身体を動かす。大きな子どもでは、こちらが疲れてしまうが、三歳、四歳ならちょうどいい。六十歳で還暦、人生をもう一度やり直すとすると、いま私は三歳半である。三、四歳がちょうどいいわけである。

子どもたちは面白い。話をするのも楽しみである。三歳、四歳だと、まだ話がよくわからないところがある。それは仕方がない。一生懸命説明しようとするのはわかるが、語彙《ごい》も表現もまだ不足である。肝心のことがなかなか出てこないで、余計なデテールばかりいう。いったいなんの話か、聞いているほうの想像力が訓練される。

二十人ほどの子どもたちが、向かい合って、四角のテーブルに座っている。私は一方の辺にいる。左が男の子、右が女の子である。すぐ前の子が二人、悪態をつきあっている。悪口をいうのはもっぱら左の男の子である。それを受けているのは、右手のアメリカ人の女の子。女の子のほうは口ではかなわないと見て、机の下で相手を蹴っている。四歳でもう文化的な行動パタンが身についている。この子の親も、机の下で相手を蹴るに違いない。

誰が子どもを育てるか

男の子の悪態がかなりひどい。どうせ小さな子どものことだから、大した悪態ではないというものの、相手を人間じゃないといったりする。年寄りとしては、そこまで言うことはないだろうがと、いくらか注意したくなる。あとで背景を聞くと、じつは両親が家庭内で別居状態だという。そうした環境のなかで、悪態も自然に訓練されたのかもしれない。女の子のほうも、前のお父さんの子どもで、ときどき前のお父さんが来て、いまのお父さんを含めて、三人で一緒にいるという。

まあ、どうでもいいけれど、子どもたちを育てるのは親である。保育園はある程度の環境を用意してあげられるものの、親の代わりはできない。まだ読んでいないが、いまアメリカで子育ての論文に話題沸騰だという。イギリスの論文だが、実の母親に育てられた子どもと、ありとあらゆる、そうではない人に育てられた子ども、その比較研究である。結論は明瞭で、結局は Mother is the best mother. というわけである。

そんなこと、あたりまえじゃないか。そう思う人もあろうが、そうでない状況が増えたから、わざわざその良し悪しを調べる人が出る。そういうことだろうと思う。アメリカ社会でこういう論文が物議を醸すのはわかる。アメリカ社会では母親が働く、それがふつうである。それなら子どもの面倒をどうするか、それは母親なら、だれしも思うことであろう。さらに未婚の母が当然になり、その母が子どもを育ててくれればいいが、だれかとどこかに行ってしまう可能性だって、ないとはいえない。

特殊なケースでは、日本でもそういうことはままある。たとえば生まれつきの難病が子どもにあって、大学病院に子どもを預けたまま、病院からすれば、母親が失踪している状況がある。子どもはほとんど病院の小児科のペットみたいになってしまうが、それでどうしようもないのである。

大学生のレポートに見る男女差

具体的にどういう意味で、実母が子どもを育てるのがいいのか、それをきちんと知っておくことは、じつは保育園としては重要である。だれにも母親の代わりをすることはできない。だからこそ、ただ母親の都合に合わせて、十分な預かり方をすればいいというものでもない。もし一日のうちに一定時間、母親と接触する必要が子どもにあるのであれば、母親にそうさせるようにし向けなければならない。保育園が母親や子どもを甘やかす機関になってもいけないのである。現代の日本で私がむしろ恐れているのは、それである。

いま教えている北里大学の学生に、イギリスのＢＢＣの五十分のビデオを見せ、その場でレポートを書かせてみた。薬学の学生である。ビデオの内容は単純で、あるふつうの夫婦について、妊娠から出産までを医学的にレポートしたものである。同じような人体のシリーズの一つである。

興味深かったのは、男女学生の違いである。女子学生たちは、あれを知らなかった、これも知らなかったと、妊娠出産の知識について、なにを学んだか、具体的な点を列挙してくれた。男子学生の半分もまた、そうだった。母親がいかに自分を苦労して産んでくれたか、あらためて考えましたというのもあった。しかし男子学生の残りの半分は、なんと書いたか。「中学高校の保健の時間に、似たようなビデオを見た。知っていることばかりだった」、と。

女子学生の反応を見れば、「知っていることばかり」がウソとはいわないまでも、事実誤認であることは間違いないであろう。このことの教訓はいくつもある。まず第一は、むろん人間は（ここでは正確には男はというべきかもしれないが）自分が当事者になる可能性がないと、いかに想像力を欠くようになるか、ということである。「そんなこと、知ってらア」。昔はさまざまなことでこういう態度をとると、先輩や教師に張り倒された。生意気だといわれたのである。

もっと重要な教訓がある。こういう学生たちは、結婚したあと、いずれ定年離婚になるのではないかということである。なぜなら、出産に対する態度が「知ってらア」なのだから、育児だって同じだろうと思われるからである。おそらく自分では育児に関わらないし、関わる気もないかもしれない。結婚する気すらないかもしれない。

なぜすれ違いが生まれるのか

日本のふつうの夫婦の愛情関係を調べた報告がある。縦断研究だから、研究にはそれなりの年数がかかっている。調べたのは、夫から妻への愛情、妻から夫への愛情が、それぞれ新婚時、結婚後五年、十年、十五年と、どう変わるかというものだった。結論は明白だった。夫から妻への愛情は横ばいないし右肩上がりだが、妻から夫への愛情は右肩下がり。

問題はその理由である。聞き取り調査を毎年して、それをずっと続けるという地味な研究だが、きちんとデータがとってあるから、関連の項目を統計的に検定できる。だからあるていど関係する理由を掘り出せるのである。それで見ると、理由は明白だった。「夫が子育てに協力しなかった」。それが最大の理由なのである。

これについて、いろいろ議論することはできる。しかし想像力という面でいうなら、母親とはいかなるものか、それをほとんどの人が本来は「知っている」はずである。それなのに自分が父親になったとき、妻がどのように母親を演じているか、なにが大変か、その想像がつかないのではないだろうか。母親としての肩の荷を、一瞬でも軽くしてあげたことがない。しかしそれこそが、妻が「夫が子育てに協力しなかった」ということの真意なのである。妊娠や出産、そんなこと、知ってらア。そこから定年離婚まで、なんのことはない、道は一直線であるかもしれない。それはそれで他人の人生なのだから、私の知ったことではない。そもそも大学生になって、想像力が欠けているのを、いまさら補強することはできないであろう。

推理小説を読むことと、右のような想像力は、関係しているような気がする。べつに学生に推理小説を読めと勧めようというのではない。しかし推理小説が読める、書ける、そのためにはいくらかなりとも想像力が必要なのは、当然ではないか。そうした想像力を欠いた若者が出るのは、昔からか、最近のことか。おそらく昔からであろう。まさにいまに始まったことではないのである。

（2001年8月）

「やりすぎ」をやめればうまくいく

またロンドンに行った。べつに好きだからじゃない。虫の標本を見る必要があるからである。「必要がある」といっても、世間でいう「必要」ではない。この「必要」は、私のなかにしかない。虫なんて、見たって見なくたって、だれも困らない。

世間の必要で生きる人から見れば、これは贅沢である。考えてみると、若い頃から、贅沢ばかりしている。医学を学んで、解剖をやった。そんなことをして、なんになる。たいていの人はそう思うはずである。解剖がいかに有益か、それを私に語らせたら、たちまち一時間でも語れる。ということは、「そんなことをして、なんになる」という疑問をたえず他人からぶつけられ、自分でもそれを感じてきたからに違いない。人生に本当に必要なことなら、説明なんか要らない。

「なぜそんなことをするのか」というのは、修辞的疑問である。訊いてる方も、じつは理由が知りたいわけではない。そんなこと、やってもしようがないだろうが。そういう気持ちの表現なのである。それは推理小説やファンタジーに通じる。

企業の説明責任？

帰国した日にテレビを見ていたら、ある会社の社長が株主への「説明責任」について話していた。説明責任なんて言葉が、「実業」の世界に登場するとは思わなかった。説明が必要だということは、すでに「虚業」になっているということである。米を作るのに説明なんて要らない。そう思えば、子どもの頃に、「黙ってやれ」と叱られたことを思い出す。「黙ってやって」たんじゃ、なにをしているのか、だれにもわからない。そんな世界になった。同時に思う。自分が株を買った会社が、なにをしているのか、買った方は知らないのか。変な世の中である。

世間から説明を求められる

　ロンドンが好きなわけではない。それでも行くのは、かまわれないで済むからである。それこそ「黙って」博物館に通い、ひたすら虫を見る。英語を話すのが面倒だということもある。博物館の人たちも、向こうから話しかけてくることは、まずない。「お前、なにをしてるんだ」とは決して訊かない。そういうところは、イギリス人は徹底している。

　それならだれでもそうかというなら、それは違う。たまたま博物館にロシア人の研究者が来ていた。英語はからっきし下手だが、それでもすぐに私と友達になった。この男は私と違って、たえず人に話しかける。それを見ていて思うのだが、話したいことがあれば、ちゃんと相手は聞いてくれる。私はべつに話したいことがあるわけではないから、黙って過ごす。相手もそれがわかるらしい。だから放っておいてくれる。

　状況しだいだが、ほとんど話さないのは、子どもの頃からだった。おかげで母親は私に知的障害があると信じていた。それでもなにもしないわけではないから、考えてみれば、私はいつも「説明責任」を負わされてきたような気がする。それでいままでものを書くのであろう。つまり説明しているのである。人生を説明して過ごす。どうしてそうなるかというなら、「変わっている」からというしかない。ふつうならしないことを、あえてするからである。それなら世間では説明が要求される。

自分の外部に「絶対」がある

博物館に来て、虫を見ているなら、べつに不思議はないであろう。でも、ふつうはそれは専門家のすることである。私は専門家ではない。それがなぜ、何度も博物館に来て、虫を見ているのか。そういう疑問を相手が感じているに違いない。そこを宙ぶらりんにしたままで、何度も行くから、そのうち説明責任を要求されるのではないか。そんな気がしないでもない。

それなら説明しようかと思うが、これがなんとも面倒くさい。そもそも日本語で説明したって、わかりにくい話を、どう英語で説明すればいいのか。

帰国した翌日に、『文明崩壊』[*1]の著者、ジャレド・ダイアモンド氏と対談した。通訳つきだから、楽である。でも肝心のところに来ると、通訳が間に合わなくなる。話が前提に及ぶと、通じなくなる。これを文化摩擦という。個人の性癖に、文化摩擦が加わったのでは、手のつけようがない。国際結婚のもめごとみたいなものである。

欧米は客観の文化である。自分の考えはともかく、事実を見ようとする。そう表現すれば、聞こえはいい。しかしその「事実を見ている」のも、あんただろうが。そこが通じにくい。自分の外部に事実がある。欧米の文化では、それをまず前提として、立ててしまうのである。だから神様がいる。神様がいるから、そうなった。どちらでもいい。ともかく神様は、自分の外部である。それが唯一絶対だということは、外部が絶対だということである。それをあらかじめ決めてしまえば、徹底的に客観を追うことができる。まさに「己をむなしうする」のである。それが自然科学を生み出す。私は一生、それになじめなかった。私の個人的な性癖もあろうが、それだけではない。おそらくこれが、東西の違いの要約なのである。

知識は無限に追求できるという前提

そんなこと、どっちだっていい。実際にそうなので、どっちでも、とりあえず生きるのに困らないのは、東西ともども、人々がなんとか生きているからわかる。ところが『文明崩壊』のように、環境問題のような長期的な話題になると、そこが問題になってくる。そんなやり方じゃ、ダメじゃないか。それを説明するのに、前提が問題になってくるからである。ダイアモンド氏はアメリカ人である。アメリカ人の科学者といえば、ある前提がある。知識を追求することは、無限に許されるという前提である。それがルネッサンスであり、ガリレオだったことは、おわかりであろう。ガリレオの「邪魔をした」のは、教会である。じゃあ、その教会が「間違っていた」のかというと、環境問題を見る限り、話はそう簡単ではない。

政治で世の中はよくならない

ダイアモンド氏は、江戸時代の日本を、持続可能な社会に近かったと見ている。それならそれを成り立たせた考え方、思想はなにか。それは「進歩発展」の逆さまだった。私が教わった世界史からいえば、江戸は「封建的」な時代だったのである。中世的な西欧、江戸の日本とは、持続可能な社会への模索だった。そういっても、言い過ぎではないであろう。多くの人がそう思わないとすれば、目を政治にばかり向けているからであろう。でも歴史は政治だけではない。

まだ政治を重要だと思っている人が多いのは、新聞を見ればわかる。第一面は、政治面なのである。しかし私の生活を実質的に動かしているのは、経済であり科学であって、政治ではない。政治を重要にしているのは、そうしておけば「害がない」からだと、私は思う。何年かに一度、小さな紙に名前を書くことを、選挙という。それで「世の中がよいほうに変わる」などと、いい大人がどうして思うのだろうか。政治は「まつりごと」で、それはそれとして重要だが、環境問題は実質である。その意味では、じつは政治とは食い合わせである。政治で世の中が「よくなる」と思うのは、雨乞いすれば雨が降るという信念と、似たようなものであろう。

こんなことを、あまり真面目な席でいうわけにはいかない。ダイアモンド氏との対談はそれこそ「真面目な席」だから、こういう話はしない。いちばん突っ込んだ話が、無限の知識追求という態度が、進歩発展を生み出しているのではないかという部分だったが、それに回答はなかった。それは当然で、それを認めてしまえば、科学の前提が成り立たなくなる。相手はそう思うに違いないからである。

どうでもいいことを問題にする

じつはそんなことはない。右に「どっちでもいい」と書いたのは、そのことである。前提にふれる話を、政治では原則という。中国政府は原則にこだわる。それが見ようによっては馬鹿げて見えることは、日本人なら知っている。環境問題が未来の人類にとって「いちばん大事なこと」だというのは、いまでは小学生でも理解するであろう。靖国問題は、「実質的には」どうでもいいからこそ、「問題」になるのである。夫婦喧嘩みたいなもので、傍から見れば、まさにどうでもいいことで、喧嘩をしている。しかしそれを「どうでもいい」といってしまっては、それこそ政治にならない。だから私は政治は嫌いだという。どうでもいいことを、どうでもよくないように仕立てる。それが政治の要諦に見える。なぜそんな面倒なことをするかというなら、実質的にはそれがいちばん「害がない」からであろう。その裏にあるのは、人間の性癖である。なにかを大切だとしないと、世間が成り立たない。

その「なにか」について、ああでもない、こうでもないと議論する。無限の知識追求が許されるか、許されないか、そんなことはどうでもいい。じつはそういう答えが欲しかった。でもそれは無理であろう。科学にも前提があって、それを崩すことは、業界の人にはできない。そう人々が思うから、逆に業界が成り立つ。無限の知識追求が許されるからといって、人の一生には限りがある。できることしか、できはしないのである。ただそのなかでも、「よりまし」ということがある。いまの世界は、人間のやりすぎであって、それだけのことであろう。

働きすぎは罪悪だ

科学技術の発展は、さまざまなことを可能にした。可能だから人間はそれをするので、環境を考えたら、答えは単純である。やりすぎなきゃ、それでいい。無限の知識追求という前提は、その「やりすぎ」を手伝ってしまう。それだけのことである。いくら客観といっても、それを考えているのは、お前だろ。それを西欧の人たちに理解してもらうのは、そう簡単ではない。日本はどうかというなら、その西欧をお手本にして、百年以上が経過してしまった。ボチボチ考え直す時代であろう。

推理小説もファンタジーも、マンガもアニメも、やりすぎ防止の一環である。以前なら十家族で耕していた田んぼを、いまは一家族で維持することができる。そういう時代に人がなにをすればいいかというなら、やりすぎ防止に励めばいい。だから私は推理小説とファンタジーを読み、マンガを読む。昔ならそれは暇つぶしで、働かなきゃ食えないという時代なら、暇つぶしは罪悪だった。でも環境を考えるなら、働きすぎは罪悪である。東京にあれだけ摩天楼を建てて、どうするのかと思う。関係者はともかく、たいていの人はそう思っているであろう。働かなけりゃ食えない時代から、どう上手に働かないか、という時代に変わってきた。それでも働きたい人は、手作業、肉体労働をすべきなのである。昔と違って、それは楽しいことである。皇居の周囲を懸命に走っている人を見ると、しみじみそう思う。ただ走るより、有機の田んぼの草取りをしたら、どのくらい健康にいいか。しかも収穫物を自分で食べることができる。なにを食わされているかわからない。それよりよっぽどマシではないか。

（２００６年４月）

＊1　『文明崩壊』上下（草思社文庫）　ジャレド・ダイアモンド　Jared Diamond

養老孟司　ようろう たけし

1937（昭和12）年、鎌倉市生れ。東京大学医学部卒。東京大学名誉教授。専攻は解剖学。1989（平成元）年『からだの見方』でサントリー学芸賞受賞。著書に『唯脳論』（青土社・ちくま学芸文庫）、『バカの壁』『遺言。』『人生の壁』（以上、新潮新書）など多数。

装丁題字　養老孟司
装丁デザイン　大前浩之（オオマエデザイン）
カバー・本文イラスト　生倉みゆき
本文デザイン・DTP　尾本卓弥（リベラル社）
校正　安岡昌洋
編集人　安永敏史（リベラル社）
編集　木田秀和（リベラル社）
営業　津村卓（リベラル社）
広報マネジメント　伊藤光恵（リベラル社）
制作・営業コーディネーター　仲野進（リベラル社）

編集部　中村彩・濱口桃花
営業部　川浪光治・澤順二・津田滋春・廣田修・青木ちはる・竹本健志・持丸孝

※本書は2014年に双葉社より発刊した『考える読書』を改題し、再編集したものです。

読む。生きるための読書

2025年3月27日　初版発行
2025年5月5日　2版発行

著　者　養老孟司
発行者　隅田直樹
発行所　株式会社 リベラル社
〒460-0008　名古屋市中区栄3-7-9　新鏡栄ビル8F
TEL 052-261-9101　FAX 052-261-9134
http://liberalsya.com
発　売　株式会社 星雲社（共同出版社・流通責任出版社）
〒112-0005　東京都文京区水道1-3-30
TEL 03-3868-3275
印刷・製本所　株式会社 光邦

ISBN978-4-434-35382-6　C0130

111001